# 把话说到孩子心里去

柴一兵 —— 编著

北京工业大学出版社

## 图书在版编目（CIP）数据

把话说到孩子心里去 / 柴一兵编著. —北京：北京工业大学出版社，2014.2（2021.9重印）

ISBN 978-7-5639-3744-8

Ⅰ.①把… Ⅱ.①柴… Ⅲ.①家庭教育 Ⅳ.①G78

中国版本图书馆CIP数据核字(2013)第299501号

## 把话说到孩子心里去

| | |
|---|---|
| 编　　著： | 柴一兵 |
| 责任编辑： | 刘　畅　符彩娟 |
| 封面设计： | 清水设计工作室 |
| 出版发行： | 北京工业大学出版社 |
| | （北京市朝阳区平乐园100号　100124） |
| | 010-67391722（传真）　bgdcbs@sina.com |
| 经销单位： | 全国各地新华书店 |
| 承印单位： | 唐山市铭诚印刷有限公司 |
| 开　　本： | 787 mm×1092 mm　1/16 |
| 印　　张： | 14 |
| 字　　数： | 150千字 |
| 版　　次： | 2014年2月第1版 |
| 印　　次： | 2021年9月第5次印刷 |
| 标准书号： | ISBN 978-7-5639-3744-8 |
| 定　　价： | 39.80元 |

**版权所有　翻印必究**

（如发现印装质量问题，请寄本社发行部调换　010-67391106）

# 前　言

在生活中，父母经常会认为孩子年纪小，涉世未深，很多事情都不懂，所以给孩子下达指示或者命令便成了理所应当的事情。

"不写完作业不准看电视！"

"快起床把饭吃了！"

"把桌上的报纸给我拿来！"

……

父母管教孩子是无可厚非的，但是随着孩子渐渐长大，他们有了自己独立的意识，这时候父母简单甚至粗暴的命令只会招来孩子的反感，让孩子觉得父母并没有尊重自己，因此变得不愿意同父母交谈，也不想听父母的命令。

还有很多父母热衷于为孩子规划好人生、替孩子导演好生活，他们相信只要按规划好的道路走下去，孩子必定能够出类拔萃、卓越超群。然而，事实却并非如此。研究显示，在这种"精心呵护"下成长的孩子更容易出现消极、自卑、自私、叛逆等问题，甚至会成为其他人眼中的"坏孩子",这样的成长状况很显然与父母当初的设定相去甚远。

很多时候,父母埋怨自己的孩子不听话,不是和自己顶嘴就是和自己对着干。的确,每个孩子都会有叛逆的时候,有一些逆反心理是很正常的事情。但是,父母是否想过:你们有没有和孩子好好说话?你们是不是总是在命令他们呢?你们是不是养成了对孩子呼来唤去的习惯呢?

如今的孩子大多是独生子女,从小被父母宠爱着,个性也比较好强,如果父母的沟通方法不合适就会取得适得其反的效果,会让孩子觉得自尊心受到了伤害,更易引起他们的抵触情绪!

可以说,世界上没有教不好的孩子,只有不对的教育方法。身为父母的我们,是否还记得自己小时候曾想对父母说的话:

"爸爸妈妈,请你们理解我的想法,我并不是有意不听话的。"

"爸爸妈妈,有话不能好好说吗?我对打骂很反感的。"

"我理解你们的良苦用心,但能不能换一种更委婉的方式和我说话呢?"

是的,那时的我们还是孩子,经历着无数成长中的喜怒哀乐,让我们记忆犹新的,往往是父母不经意间的一句鼓励、父母对我们错误的一次宽容的拥抱、晚餐后父母和我们的一次惬意聊天。因此,当如今我们有了孩子后,在交流中也要了解孩子的心声,采用合适的方法和孩子沟通,以取得最好的教育效果。

本书结合相关家教理论和诸多典型事例,深入地阐述了父母应如何理解孩子的内心世界、如何安慰和鼓励孩子、如何批评孩子、如何拒绝孩子的不合理要求等,帮助父母成为孩子最贴心的朋友、最称职的人生导师。

# 目　　录

## 第一章　赏识和爱，让亲子沟通更顺畅

关心和爱，让沟通更有效 ……………………………… 3

平凡家庭，不平凡的爱之教育 ………………………… 7

放下父母的权威，与孩子平等相待 …………………… 11

教育孩子要多一些引导，少一些命令 ………………… 15

有效沟通，从互相了解开始 …………………………… 20

## 第二章　做善于倾听孩子心声的好父母

倾听，让孩子向父母敞开心扉 ………………………… 27

"角色互换",让代沟在理解中消除 .................................. 31

尊重孩子的想法 .................................................... 35

关注孩子,了解孩子的真实想法 ...................................... 39

父母应鼓励孩子多问为什么 .......................................... 43

## 第三章 父母应多角度鼓励和安慰孩子

让孩子用微笑面对人生 .............................................. 51

男孩爱哭怎么办 .................................................... 55

鼓励孩子遇事不再悲观 .............................................. 59

面对挫折,鼓励孩子自己站起来 ...................................... 63

教会孩子遇事冷静 .................................................. 66

鼓励孩子汲取他人的经验和教训 ...................................... 70

## 第四章 优秀父母表扬和赞赏孩子有诀窍

成就再小,父母也不应否定 .......................................... 77

不要忽略每一个鼓励孩子的机会 ...................................... 81

父母的表扬要真诚 ………………………………… 85

父母的表扬应多样化 ………………………………… 89

当众表扬，让孩子更上进 …………………………… 93

父母应学会发现孩子的闪光点 ……………………… 97

孩子进步，奖励应有度 ……………………………… 101

## 第五章　父母批评孩子也要有技巧

不要在孩子的朋友面前批评他 ……………………… 109

"谁谁家的孩子"最让孩子讨厌 …………………… 113

孩子犯错后不要一味地批评 ………………………… 117

教育孩子，父母不能"以暴制暴" ………………… 121

让孩子学会自省 ……………………………………… 125

父母各有分工，轻松应对犯错孩子 ………………… 129

尝试把批评的话写在信纸上 ………………………… 133

## 第六章　孩子的出格要求，父母应该这样应对

对孩子的不合理要求，要明确拒绝 ................................ 141

用善意的谎言拒绝孩子的不合理要求 ............................ 144

冷淡应对孩子的过分要求 ............................................ 148

用反问法应对孩子的难缠要求 .................................... 151

用"赞赏拒绝法"回应孩子的不合理要求 ...................... 154

## 第七章　父母如何和孩子轻松沟通棘手问题

父母应沉着应对孩子早恋的问题 ................................ 161

如何帮助孩子戒掉网络游戏瘾 .................................... 165

帮助孩子走出心理牢笼 ............................................ 169

纠正孩子偷东西、爱撒谎的坏习惯 ............................ 173

如何让孩子不再"暴力" .............................................. 177

如何帮孩子抵御"黄色诱惑" ........................................ 182

## 第八章 亲子交流，哪些事情父母要注意

父母不要在孩子面前过于唠叨………………………189

别在孩子的学习问题上表现得急功近利……………193

父母的吼声让孩子胆怯………………………………197

别让孩子做父母的"出气筒"…………………………202

孩子也有隐私权………………………………………206

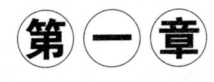

# 第一章
# 赏识和爱，让亲子沟通更顺畅

如何才能把话说到孩子心里去，和孩子进行有效的沟通呢？这一直是父母十分头疼的问题。其实，要和孩子进行有效的沟通，只要父母足够赏识和爱护孩子就可以办到。再平凡的家庭，也可以因为父母的关爱而打造出不平凡的教育来，只要父母肯放下身段、放下权威，和孩子平等相待，与孩子沟通绝不是难题。

## 关心和爱，让沟通更有效

每个家长都爱自己的孩子，但并不是每个家长都会细心关注自己的孩子。我们知道，大多数家长都会给孩子较好的物质条件，让孩子过得更舒服，但是，有时候家长们却忽视了要关注孩子成长过程中的各个细节，而这些细节正是反映孩子内心活动的关键。家长爱孩子不能只停留在给孩子吃的、穿的、用的方面，还要细心关注他们，让他们成长得更加快乐。

细心关注孩子并不是溺爱孩子，而是认真了解孩子的成长过程，知道孩子的性格、心理等变化，从而适当地给孩子一些指导等，并不一定要满足孩子的一切需求。

"哗哗……"窗外的雨声很大。

"妈妈，快开门啊！"张梦梦在门外一边敲门一边大声地叫道。

"好像是女儿回来了。"妈妈听见声音后赶紧去开门。

"你们在做什么，喊了半天都不开门？"张梦梦生气地说，她没有带雨伞，全身都淋湿了。

"宝贝,今天不是星期天,你怎么回来了?"妈妈诧异地问。

"今天的确不是星期天,但是今天我们期末考试结束了,所有的学生都必须离校,我总不能一个人住在学校吧?"张梦梦不高兴地大声说。

"什么?期末考试?你怎么没有告诉我们?"妈妈有点儿不好意思地说。

"开家长会的时候不是通知过了吗?怎么其他的家长都知道?你们真是的!"张梦梦一边用毛巾擦头发一边发牢骚。

"对不起,我们真的忘了,否则肯定去接你。"爸爸也有点儿难为情地说道。

"好了好了,我都怀疑我是不是你们抱养的,真是一点儿都不把我放在心上。"张梦梦越说越觉得委屈。

"真的很抱歉……"爸爸无奈地说。

"我要洗个澡,然后好好睡一觉,晚饭好了就叫我,"张梦梦说着便往浴室走,然后又回过头来说,"希望吃饭的时候你们别忘了我。"

爸爸妈妈赶快回答说:"放心吧,不会的。"然后两个人互相看了看,都觉得有些尴尬。

故事中的爸爸妈妈肯定是爱张梦梦的,只不过是对张梦梦的关注不够细致,连张梦梦期末考试的时间都忘记了,对于孩子来说,这样的行为的确让人有些失望。其实,如果故事中的爸爸妈妈知道张梦梦今天考完试会回家，而且也提醒张梦梦要准备好雨具，那么，即使他们不亲自去学校接张梦梦，张梦梦也会觉得很开心。这就是父母的细心关注在孩子成长过程中的重要作用。

孩子是家长的未来，也是世界的未来，社会一直在呼吁要关注孩子的成长，家长们也都努力让自己的孩子成长得更加快乐。但是，我们经常发现，孩子的很多心声我们都听不到，孩子的很多成长细节我们也都忽略了，因此，实际上我们对孩子的关注并不够。

关注孩子要全面，比如孩子的身体健康、心灵成长、学习、生活、喜好等方面，这样才能够更全面地认识孩子、爱孩子，从而也让孩子更容易接受父母的管教。

刘强东这几天总是闷闷不乐，连吃饭都没有胃口，妈妈一直都看在眼里，总想找个时间和儿子好好聊聊，帮儿子排解排解烦恼。

一天下午，妈妈特意早下班一个小时，去市场买了刘强东最爱吃的菜，还为刘强东准备了很多零食。

"妈妈，我回来了。"刘强东垂头丧气地进了家门。

"来，儿子，看妈妈给你准备了什么？"妈妈高兴地说。

刘强东来到餐厅一看，桌子上摆满了他最爱吃的饭菜，于是脸上露出了久违的笑容。"妈妈，今天过节吗？"刘强东笑着问。

"今天当然不过节了，不过，我想给我的宝贝儿子做一顿爱心晚餐了。"妈妈笑着解释说。

"哦，这样啊。"刘强东赶紧坐下，准备享受一桌子的美味。

"儿子,最近为什么心情不好啊,可以和妈妈说说吗?"妈妈也坐下来,和儿子谈起心来。

"其实也没有什么大事……"刘强东迟疑了一下,红着脸说,"我们班新转来一个女生,长得很漂亮,我挺喜欢的。于是我就请老师把我的座位调到她的附近,可是老师不但拒绝我,还批评我早恋……"

妈妈听到这儿就明白了,笑着说:"哦,原来我的儿子开始谈恋爱了。"

"没有,我没有谈恋爱,我只是对那个女生有点儿好感罢了,根本不是谈恋爱。"刘强东赶紧解释道。

"我知道,我知道,妈妈逗你的,"妈妈笑着说,"那还不简单吗?直接去找那个女生,和她交个朋友不就行了。干吗还要通过老师的帮忙呢?你这不是舍近求远吗?"

听了妈妈的话,刘强东豁然开朗,笑道:"对啊,谢谢妈妈!"然后便开心地吃起饭来。

故事中的妈妈很关注孩子的生活细节,对孩子的情绪变化也很了解,然后给孩子做了一顿爱心晚餐,慢慢引导孩子说出了自己的心事,帮助孩子找到了解决烦恼的办法,孩子也欣然接受了妈妈的建议,轻松地排解了自己郁闷的心情。在生活中,父母要细心关注孩子行为、心理、情绪等方面的变化,多与孩子进行亲子沟通,帮助孩子分析问题、解决问题,这样孩子会很感激父母,对父母的管教也更认同。

关注孩子应该全面,但不能过度,不要时刻观察孩子的一举一动,这样不但不利于了解孩子,还可能让孩子觉得你是在监视他,从而对你的关注感到厌烦。想要好好和孩子进行沟通,既要关注孩子,又不能过分,这样父母才能和孩子进行顺畅的交流。

## 平凡家庭,不平凡的爱之教育

在这个处处"拼爹"的时代,每位父母都希望自己能成为孩子最强大的靠山。他们认为,只要自己强大了,孩子的起点高了,幸福的生活也就不远了。于是,那些已经小有资产的父母继续在商海中拼杀着;刚刚奔入小康的父母也不敢忙中偷闲;挣扎在贫困线上的双亲更是一刻也不敢休息……然而,是否只有有钱的父母能教出好孩子?平凡的家庭就无法对孩子进行好的教育吗?

"张太太,有件事我想跟您商量一下。"保姆小金把饭菜都端上饭桌后,一边在围裙上抹着湿漉漉的手一边说。

"儿子,快坐好吃饭,"张太太拉儿子小刚在椅子上坐下,先夹了一块肉放在儿子碗里,才对小金说,"小金啊,我们要吃饭了,有

什么事一会儿再说吧！"

"可是……我马上就要走了。"小金轻声说道。

张太太撇了撇嘴："真是的！说吧！"

"是这样的……我来这儿也已经快两年了，跟我一块儿出来做保姆的姐妹们，工资都涨了两三次了，我想让您也给我涨点儿工资，毕竟现在的物价……"

张太太不等她说完，就放下筷子毫不客气地说："我们家就这个价，觉得工资低你可以不干，另找其他的工作。不是我说啊，现在的保姆太多了，好多都找不到工作呢！我是看你是本地户口才用你这么长时间的。别人家的保姆涨工资是因为人家还能辅导孩子写作业呢，你会吗？"

小金满脸通红，迅速解下围裙，拿起包夺门而出了。

"妈，咱家不是不缺钱吗？给小金阿姨涨点儿工资吧！"一直默默吃饭的小刚轻轻推了推妈妈的胳膊。

"吃饭！"张太太生气地说道，"咱们家的钱也不是大风刮来的啊！我跟你说儿子，对待这种人就应该这样，没本事的人就该穷着、饿着！比如那些马路边乞讨的、要饭的，还有慈善募捐的，看见了通通不许给钱，那样的人不是骗子就是活该！"

小刚听妈妈说完后轻点了下头，心中暗想："可见'可怜之人必有可恨之处'这句话是有道理的，幸好我没告诉妈妈昨天我给学校组织的为灾区献爱心活动捐了20元钱的事，以后可不能再给他们了，没准他们真是骗子呢。"

上面故事中，张太太家算是一个比较富裕的家庭，可是张太太对待保姆的态度、和保姆说话的措辞以及处理金钱关系的种种行为，对儿子小刚造成了很多不良的影响，让孩子盲目地认为"可怜之人必有可恨之处"，而且也影响了孩子自己的判断能力。十几岁的孩子，判断能力、是非观念正在形成阶段，张太太的行为无疑向小刚演绎了一场不尊重他人、不理解他人、不帮助他人的冷漠待人的"情感大戏"。小刚在这种教导下成长，长大后的为人处事方式我们可想而知，这样的"公子哥"即使有钱也是很难体会到爱和快乐的。

父母是孩子最好的榜样、最好的老师，他们的言行举止会在不经意间熏陶着自己的孩子，所以要想让自己的孩子成为什么样的人，父母不能只靠嘴上教育。俗话说"言传身教"，言语只能起到传达的作用，究竟要怎样做，还要靠"身教"，也就是父母的实际行动。很难想象一对待人冷漠的父母能培养出一个心中充满爱的孩子。

许多父母只重视孩子的成绩高低、是否有多项特长，却恰恰忽视了最重要的教育——"爱的教育"。对于孩子来说，成绩、特长固然重要，但是没有爱心，成绩、特长又有何意义？让孩子懂得并能够正确对待各种爱——亲情之爱、友情之爱、男女之爱以及人间大爱，才是教会了孩子立足的根本，给予了孩子快乐的源泉。

"妈妈，你看，这是谁家的小狗啊？"芳芳扯了扯妈妈的衣角，指了指路边一只受伤的狗。

"它好像受伤了！"妈妈说着蹲下来，一脸的怜悯。

"怎么办呀？妈妈。"芳芳着急地说，"它还在流血呢！反正咱们家很近了，咱们把它带回家吧！"

妈妈想了想，认真地说："行，咱们找个小竹篮把它抬到家中，为它包扎一下吧。"

很快，她们为小狗清理了伤口并进行了包扎。

"妈妈，小狗太可爱了，我们留下养吧！"芳芳拿出自己的饼干喂小狗，小狗憨态可掬，着实可爱。

妈妈也忍不住拿出一块饼干喂着小狗："小狗的主人找不到它一定会很着急的！咱们应该帮它找找主人，你说呢？"

"对，不能让小狗的主人着急。"芳芳深深地点了点头。

通过最平常不过的一件小事，母亲用最质朴的言语和实际行动告诉孩子如何去爱护动物、替他人着想，教会了孩子善良、真诚与美好，这看似简单却是实实在在的爱的教育。爱的教育从来都不是轰轰烈烈的，而是"随风潜入夜，润物细无声"式的耳濡目染和潜移默化。爱，听起来虚无缥缈却又无处不在，拥有爱才能真正拥有快乐和幸福。

世界上有很多事情是不公平的，我们所拥有的财富不平等，智力不平等，甚至机会也不平等。然而，爱却是平等的，无论你是男人还是女人、患病还是健康、贫穷还是富有、平凡还是伟大，爱都是上天赐予的能力，是上天赐予的利器。无论是普通的还是富裕的家庭，真正的爱的教育，都一样的伟大和不凡，它能够保佑孩子逢凶化吉、遇难成祥！

我国著名教育家陶行知曾经说过:"爱是一种伟大的力量,没有爱就没有教育。"爱,是人类最伟大的情感,是高尚道德品质的核心。父母对孩子从小进行爱的教育,是培养孩子做人的根本,因为,爱从来都是相互的,爱别人就等于爱自己。一个人只有真正懂得爱、心中充满爱才能够在人生的道路上越走越顺。

## 放下父母的权威,与孩子平等相待

自古以来,血浓于水的亲情胜过这个世界上人与人之间的任何感情,而其中最亲的莫过于父母与孩子的关系。但历史给我们留下的"君君臣臣父父子子"的观念,也同样深刻地沁入我们的骨髓。高高在上、居高临下的传统教子观念严重扭曲了一些父母与孩子之间的平等关系,这也正是孩子叛逆的源头。著名文学家鲁迅先生认为,教育孩子最重要的三个方面是:"给我理解"、"视我平等"、"让我自立"。也就是说,父母只有放下高高在上的权威和架子,真正平等地对待孩子,才能帮助孩子学会爱和尊重他人,建立良好的人际关系,取得进步。

"爸爸,明天中考要报志愿了,我准备报考二中。"马上要参加中考的小强对正在看电视的爸爸说出了自己的想法。

"二中？以前不是跟你说过让你报考一中吗？"爸爸疑惑地问道。

"可是……"

"可是什么？一中重理，二中重文，男孩子就应该学理科，报一中！"还没等小强说完爸爸就打断道。

"可是我喜欢学文科，我文科的成绩这次考了年级前十呢！"小强得意中又带着怯意。

"你懂什么！学好数理化，走遍天下都不怕！学文科动动笔杆子能有什么出息……"

"那是你们的老思想了，现在文理公平，都有用武之地！"小强辩驳道。

"被理科淘汰了的才去学文科，你别给我丢人，就去一中学理科！"爸爸命令道。

"但是我们班主任都说我是块文科生的好料子，建议我学文科，还说……"

"她懂个屁，那为什么不让她自己的孩子学文科？！"爸爸瞪着眼睛训斥道。

"可是我喜欢二中，我觉得那里更适合我。"小强仍抱着一丝希望劝说着一向强势的爸爸。

"你喜欢管什么用，毛孩子什么也不懂，这是为了你以后着想，男孩子没有一技之长怎么立足？"

## 第一章 赏识和爱，让亲子沟通更顺畅

"我不管，我就想去二中，明天我就报二中！"小强气愤地说到。

"兔崽子反了你了！你敢报二中试试，看我不打断你的腿！"

"打断腿我也报，你从来不关心我喜欢什么……"小强委屈地哭着跑了出去。

当父母和孩子在某件事情上发生争执时，父母总是希望孩子可以听自己的话，甚至会用威胁的手段来压制孩子，让孩子改变主意。"我都是为了你好"、"我是你妈妈（爸爸），我会害你吗"、"你是我生的，必须听我的"……这些看似很有道理却又不太讲理的言论常常被父母用来当作挡箭牌，好让孩子听自己的话。殊不知，孩子也有自己的看法，也有着不可侵犯的尊严，他们不希望被约束，更不喜欢父母用权威来扭转自己的想法和做事风格。

随着时代的发展，"80后"的"没有担当"、"90后"的"没有理想"已经逐渐淡出人们的视线，"00后"作为新生一代的主力军，叛逆、早熟逐渐成了人们对他们的普遍诟病，而这种叛逆很多正是日积月累"压抑—反抗"的结果。孩子把父母看作高高在上的"独裁者"，父母看孩子却是什么都不懂的"毛孩子"，父母与孩子的地位不平等就无法形成有效的沟通，这种教育方法教出的孩子"越来越不听话"也就在预料之中。从小成长于缺乏平等观念家庭中的孩子，会形成叛逆、自卑、自私、怯弱、缺少主见等性格缺陷；而在家庭中得到父母平等对待的孩子，就会表现出自立、上进、乐于与他人分享等良好品行，具备自立和自理的能力，拥有

较为成熟的心志。

孩子在父母眼中永远都是孩子，肯定有着不成熟、不理智的地方。遇到问题时，父母可以介入孩子的生活，帮助孩子分析问题，教会他们如何正确地选择，怎样做出正确的决定。但这种介入和帮助并不代表父母要为孩子一手包办，而不顾孩子的想法和喜好。正确的做法应当是把孩子置于和自己平等的地位，去关注孩子的内心世界，了解孩子的喜好和兴趣，倾听孩子的真实想法，及时给予孩子适当的指导。

真正平等地对待孩子，父母要做好三件事：倾听，走入孩子的内心世界，成为孩子最亲密的朋友；指导，引导和提醒孩子朝着正确的方向前进；帮助，协助孩子发现并解决问题，让孩子健康快乐成长。

"妈，这个暑假我可能没法回家帮您下地干活了，高中的课程紧，暑假要补课。"快放假时，大朋愧疚地对妈妈说到。

"没事，孩子。下地有我和你爸呢，你就专心学习你的，不用担心家里。"妈妈安慰道。

"可是您的身体不好，要不我到时跟老师请假回来，那些活儿您的身体真吃不消的。"大朋家在农村，父母为了供他读书每天都卖力地干活，大朋十分心疼辛劳的父母。

"学习更重要，孩子，重点高中学费也高，咱浪费不起那个钱，该学习的时候就要使足了劲，要不你会后悔的！"妈妈看着懂事的孩子认真地说。

"我要知道上重点高中花这么多钱宁愿不上，我还不如上二中呢，二中也不错，收费还低。"

"一中、二中侧重点不同，当初一中是你自己选的，选择了就一定要坚持走下去。不管家里有多难，爸爸妈妈都会支持你。钱的问题，总会解决，你别想太多了！"

"妈，您就是这样，有什么难处都自己扛着，我自己的事您都替我考虑让我决定，您不怕把我惯坏了呀？"大鹏调皮地问妈妈。

"大鹏啊，你不是那样的孩子，妈妈尊重你的选择！"

凡是孩子想做的事，只要对他自己是有益的，父母就应该支持孩子去做。在这个过程中，如果孩子遇到了挫折和困难，父母应当多安慰和鼓励孩子，帮他们找出问题，分析问题，并帮助孩子解决问题。多和孩子沟通、交流，这样，不仅孩子的独立性格得以培养，孩子的责任感和担当意识也能够越来越强，也会逐渐变得愿意和父母聊天。

## 教育孩子要多一些引导，少一些命令

在生活中，父母经常会认为孩子年纪小，涉世未深，很多事情都不懂，所以给孩子下达指示或者命令便成了理所应当的事情。

把话说到孩子心里去

"不写完作业不准看电视!"

"快起床把饭吃了!"

"把桌上的报纸给我拿来!"

诸如此类的命令,是我们经常能听到的。其实,父母管教孩子是无可厚非的,但是随着孩子渐渐长大,他们有了自己独立的意识,这时候父母简单甚至粗暴的命令只会招来孩子的反感,让孩子觉得父母并没有尊重自己,因此变得不愿意同父母交谈,也不想听父母的命令。

"乐乐,你怎么把零食袋子扔了一桌子?赶紧收拾好,一会儿家里要来客人!"妈妈对一边吃零食一边看电视的乐乐说。

"我看电视呢!"乐乐扫了妈妈一眼,不情愿地回答道。

"我叫你把桌子收拾一下你听见没有啊?你还想不想看电视了?顺便把垃圾也提到楼下去吧!"妈妈提高了嗓门,冲乐乐喊。

"妈,电视节目我还没有看完呢,正在播的话题是我们明天班会要讨论的内容,班主任说一定要看完,我不是和您早就打好招呼了,您也同意了吗?"乐乐继续盯着电视机。

"回来再接着看,一个破节目,有什么好讨论的?快去把桌上东西收拾了,把垃圾倒了!"妈妈再次命令道,并且不由分说地夺过遥控器,把电视机关掉了。

乐乐看着关掉的电视,生气极了。他说道:"我去同学家看电视去了!"说完,站起身拎起垃圾袋跑出了家门,身后是"砰"的一声重重的关门声。

后来，乐乐在家一连好几天不理妈妈，妈妈也意识到自己用命令的口气对孩子说话有些不妥，但又不知道该怎么做才能缓和现在的局面。

很多时候，父母埋怨自己的孩子不听话，不是和自己顶嘴就是和自己对着干。的确，十几岁的孩子正处在叛逆期，有一些逆反心理是很正常的事情。但是，父母是否想过：你们有没有和孩子好好说话？你们是不是总是在命令他们呢？你们是不是也养成了对孩子呼来唤去的习惯呢？就像故事中的妈妈一样，她不顾乐乐的想法，强行命令乐乐去倒垃圾，结果两个人之间就产生了对立的情绪。虽然乐乐最终被迫顺从了妈妈的命令，可是心里还是怨气未消，导致母子之间的关系变差。

如今的孩子大多是独生子女，从小被父母宠爱着，个性也比较好强，父母不由分说的命令会让孩子觉得自尊心受到了伤害，更易引起他们的抵触情绪，试想有谁喜欢被指使呢？每一个孩子都是独立的个体，有自己的思想和尊严，他们都希望父母能够平等地和自己讲话，而不是用居高临下的命令语气。即使孩子心不甘情不愿地"听话"了，父母与孩子之间还是有摩擦的，就像上文的妈妈与乐乐一样。

苏联教育家巴班斯基曾经说过："父母经常用命令的口气对孩子说话，叫孩子做事，会使孩子产生逆反心理，很难收到预期的教育效果。而一直在命令中做事的孩子，会缺乏主动性，容易形成懦弱的性格，不利于孩子的成长。"如果父母总是对孩子呼来唤去，孩子长期处于被动的地位，长此以往，孩子就不爱自己做决定，进而养成依赖父母的坏习惯。孩子习惯了听父母的话，凡事依赖父母，就难免缺乏自己独立做事的能力。父母不在身边，孩子就变得胆小怕事，渐渐形成懦弱的性格。

所以想要培养优秀的孩子，父母就应该从生活中做起，积极地引导孩子，而不是命令孩子。叶圣陶说："教师之为教，不在全盘授予，而在相机诱导。"同样的道理，父母之为教，也不在于发号施令，也在于适当引导。

那么父母应该如何纠正自己命令式的语气呢？

首先，父母应该站在孩子的角度去看世界，了解了孩子的思维和习惯，才能尊重孩子，才不会无故地对孩子提出苛刻的要求。父母想要孩子帮忙做事前，应该留心观察孩子的言行，寻找适当的时机，这样更能避免摩擦的出现，得到孩子的积极响应。正如家庭教育专家卢勤所说："与其用命令的方式对孩子指东指西，不如蹲下来好好和孩子说话。"如果父母能够站在孩子的角度去看待事情，能够放下父母的威严，和孩子做朋友，平等相待，而不是以居高临下的姿态命令孩子、教训孩子，孩子其实是乐意听从父母的话的。

其次，父母不再用命令的语气和孩子说话，孩子愿意和父母沟通了，这时父母可以根据孩子的言行提出自己的想法和建议，真诚地表达对孩子的担忧和期望，孩子也就比较愿意接受了。但值得注意的是，父母对孩子善意的建议千万不要又变成命令了。父母可以多对孩子说"你去刷牙好吗"、"写完作业再看电视好吗"。当父母愿意凡事和孩子商量，多用建议，少下命令，那么孩子也会理解父母的。

小俊是个特别爱动手的孩子，经常把家里的一些小电器拆来拆去，最后能组装回去的却不多。

"爸爸，我把你去年给我买的游戏机拆了，可是你瞧，我装不回去了。"小俊低着头，小声地嘟哝着。他害怕爸爸像上回那样，命令他再也不许碰电视机遥控器了，自从他拆了它以后。

"没关系，能让爸爸和你一起再试试吗？说不定能成功呢！我们小俊很聪明的，上次都能拆开遥控器了，没准儿将来能做科学家呢！"爸爸笑着说，想起自己上次的斥责适得其反，这次他就站在儿子的角度想了想，换了一种态度。

"可是，小俊啊，你现在知识还不够，动手能力还跟不上，拆了东西组装不回去，会给爸爸妈妈带来很多麻烦，你说是吗？"爸爸摸着小俊的头接着说。小俊点了点头。

"爱拆东西，组装东西，说明我们小俊爱动脑筋，动手能力也强，不过爸爸建议你不要随便拆家里的东西了。爸爸会给你找些废旧电器来练习，好吗？"爸爸又说。

"爸爸，你真好！"小俊开心地笑了。

从那以后，小俊再也不拆家里的东西了，因为有爸爸专门找的废旧电器可以练手了。

由于爸爸能站在小俊的角度去想，不再用命令的口气与孩子说话，并且因势利导，教育取得了很好的效果。孩子乱拆家中电器的缺点改掉了，爱动脑筋、爱动手的长处却得以保持。所以，如果父母在生活中对孩子少

一些责备，多一些微笑；少一些命令，多一些商量；少一些控制，多一些引导，便会发现，其实孩子是愿意听话的。

## 有效沟通，从互相了解开始

很多父母觉得自己的事没必要让孩子知道，比如，自己工作上的事情、与朋友间的纠纷等，父母觉得孩子肯定不会理解，因此很少把这些事情告诉孩子。父母可能会觉得不告诉孩子是为了孩子好，不让他们过早地接触社会的消极面。其实不然，父母从小看着孩子长大，对孩子了解得比较多，可是孩子对父母的了解却局限于家庭中所见，这种不对等的了解是不利于亲子沟通的。

父母要想与孩子建立健康的交流方式，就要把孩子放在主角的位置，让孩子多了解父母，这样孩子才能更好地理解父母的教育方式，避免产生不必要的矛盾。

小静上五年级了，爸爸妈妈对这个唯一的宝贝女儿很是疼爱。每天下班不管多累，妈妈都要先给小静做好饭，然后再去忙其他的；而且，无论小静想要什么，爸爸妈妈都会尽量满足。小静从小每月都会有足够的零用钱，从没想过家里会有什么困难，想要什么就买什么，花钱大手大脚。

但不幸的是后来妈妈下岗了，为了让女儿专心学习，妈妈与爸爸商量了一下，决定这件事就不告诉小静了。可是由于妈妈没了工作，家里的生活变得拮据起来，而小静的花钱方式一如既往。出于无奈，妈妈只好对小静说："小静，有些东西买了意义不大，就不要买了，钱应该用在该用的地方，你说是吗？"

"我觉得我买的都是有意义的啊，妈你这是怎么了，说这么奇怪的话？"小静不解地看着妈妈。

"没什么，妈妈只是觉得节俭一些比较好。"妈妈含蓄地说。

"可是什么都不买的话，别人会说我小气的。"小静不高兴地嘟着嘴。

"合理地花钱不是小气。"妈妈试图说服女儿。

"我不管，为什么以前我花钱的时候你不说，现在又来告诉我要节俭？"小静倔强地说。

妈妈对于女儿的话，只能以沉默作答。为了给小静足够的零用钱，爸爸妈妈只好从其他方面尽量节俭，可又无从下手：饭，小静要吃好的；衣服，小静要穿新的；对于水电，小静更是从没有节约的意识。

小静对于父母难处的不了解让爸爸妈妈有苦说不出，不过幸好，没多久，妈妈又找到了一份新工作，使家里的生活好转起来。而从始至终，小静对父母的忧虑一无所知。

虽然最后小静家里生活好转起来，可如果爸爸妈妈让小静知道父母的辛苦，了解妈妈的困境，在家庭的困难时期，小静可能就不会那么不体谅父母。

所以，让孩子适当了解父母的事情是很有必要的。这样做不仅会让孩子了解到父母养家不易，也会让孩子懂得关心父母，那么，父母应该让孩子了解自己的哪些事情呢？

首先，父母可以常跟孩子聊聊自己的工作。日常生活中，父母不要总是询问孩子的学习情况，过分的督促会让孩子不愿和父母交流。父母可以和孩子谈一谈自己工作中努力奋斗的事情，让孩子体会到父母的不易，这样的榜样作用或许更能激励孩子好好学习。

小强的爸爸开了家小公司，收入谈不上很多，但是一家人过得还是挺不错的。每天吃过晚饭后，小强做完作业总喜欢和爸爸谈谈公司的情况，而爸爸也喜欢把自己的经历说给孩子听，当谈到比较有教育意义的话题的时候，爸爸总喜欢结合自己的体会给小强讲深入一些，希望小强能有所收获。

小强放假没事的时候，还经常跟着爸爸见见客户，帮爸爸处理一些比较简单的事情，这些事情虽微不足道，却让小强学到了不少东西。而且爸爸忙得饭都顾不上吃的样子，让小强暗下决心，将来要好好孝敬父母，并且他不断激励自己好好学习，以便不辜负父母的期望。

小强的爸爸知道，只有让孩子亲身体会自己工作的辛苦，才能让孩子明白父母的期望，而小强也的确在爸爸的带领下领悟到不少东西，这比父母每天不断地说教更有效。让孩子了解父母的事情，可以让孩子掌握交流中的主动权，不再是父母问孩子遇到了什么困难，而是孩子主动地亲近父母，跟父母交流，替父母分担。所以，父母平时有多累有多苦，都可以适当告诉孩子，让孩子多了解自己，才能更好地和孩子交流。

其次，父母应让孩子学着做家务。在节假日，父母应分配给孩子一些家务活，比如洗衣服、扫地。让孩子知道这些看似微不足道的小事做起来也是很累的，那样孩子就会更深切地了解到父母工作一天还要做家务，是一件多么不容易的事。

小琴最近对做菜比较感兴趣，可是以前没做过，妈妈便主动担任老师的角色教小琴做菜。每天买菜回来，妈妈都会让小琴学着洗菜；然后自己切菜的时候，让小琴在一旁边看边学；炒菜的时候，妈妈会告诉小琴什么时候该放盐，什么时候要控制火候。

小琴没想到从买菜到饭菜端上饭桌，需要这么烦琐的过程。"每天这样，一定很累吧？"小琴心想，不禁有些心疼妈妈了。

"妈妈，以后吃完饭我帮你洗碗吧。"小琴想让妈妈多休息一会儿。

"好啊，小琴真是越来越懂事了。"妈妈高兴地说。

小琴的确如妈妈所说，是个懂事的孩子，而学做菜给了小琴一个了解妈妈的机会，让小琴知晓妈妈为家操劳的辛苦。让孩子做家务还可以锻炼孩子的独立自理能力，这样孩子在步入社会后也能更好地照顾自己。

最后，父母可以多和孩子聊一聊各自的爱好，在了解孩子爱好的同时，也把自己的爱好告诉孩子。父母和孩子只有在互相了解后，才能进行有效的沟通。比如，吃饭的时候告诉孩子自己喜欢吃什么。很多父母因疼爱孩子会把自己爱吃的东西让给孩子，并且告诉孩子，自己不喜欢吃这些。其实父母大可不必这么做，如果所有好吃的父母都说不喜欢，孩子也不可能相信，结果只会让孩子无法了解父母，与父母产生隔阂。父母喜欢吃什么完全可以告诉孩子，这并不妨碍你把它留给孩子吃，只是当孩子在吃这些食物时，心里会想着"爸爸妈妈也爱吃这个，却让给我吃，他们对我真好"，从心理上拉近了父母和孩子之间的距离。

# 第二章
# 做善于倾听孩子心声的好父母

经常有父母会抱怨,自己的孩子从来不说心里话,不愿意向自己敞开心扉。其实,并非是孩子不愿意那么做,而是很多时候父母拒绝倾听孩子的心声。而且,大部分父母认为孩子的想法并不重要,重要的是他们是否说出了父母想听的话。这就大大打击了孩子向父母倾诉的积极性,为亲子间的沟通隔开了一道无法逾越的鸿沟。

所以,父母不能总是埋怨孩子不向自己倾诉,而是应该在孩子说话的时候,学会认真倾听,这样父母在对孩子说话时,才能把话说到孩子心里去。

## 倾听，让孩子向父母敞开心扉

很多父母都有过这样的苦恼：小时候孩子有什么事都愿意跟父母分享，如今孩子长大了，竟然在父母面前变得沉默寡言了。这让父母不知道应该如何和孩子交谈，经常是父母的苦口婆心换来孩子的心不在焉，有时候父母多追问几句，孩子就会表现出一脸的不耐烦，亲子间的沟通变得越来越难了。虽说可怜天下父母心，但面对这些问题，不知道父母有没有反省过：你是否在意孩子的情绪？你是否了解孩子所关心的事情？你是否只顾自己畅所欲言而听得太少了呢？

"妈妈，这场篮球比赛真是太精彩了，科比太酷了！"天浩爱看篮球比赛，一看到这类比赛就会兴奋地手舞足蹈起来。

"整天就知道关心篮球，你要是在学习上也有这劲头，没准儿不比科比差！"每当天浩说起篮球，妈妈总会这样唠叨。

有一次，天浩放学回来，说起班里发生的一件趣事，正说得高兴，妈妈不耐烦地打断他："说了你多少次了，有说这些话的时间，都能解好几道数学题了！快进屋写作业去！写完再说！"天浩吓得一个字也不敢说了，赶紧回到自己房间里去了。可是等到天浩写完作业，妈妈已经在厨房忙得不亦乐乎了，天浩只好闷闷不乐地回房间一个人待着了。

"气死我了，我最看好的选手竟然没晋级！"最近，电视中在播放一档选秀节目，天浩看到自己喜爱的选手被淘汰后很生气。

妈妈听了一脸不屑："人家晋不晋级关你什么事？"

"他唱得多好听啊！这评委太不懂得欣赏了，真让人失望！"天浩郁闷地回答道。

"你还有心思操心人家？要是你把这种精神头用在学习上，没准儿你也不会让我们失望了！"妈妈说。

听到妈妈这番话，天浩心里很难受，心想："谈唱歌怎么又扯到我身上了？虽然这次模拟考没考好，可是我已经尽力了啊！"可是话到嘴边，天浩又憋回去了。他没有理妈妈，摔门走进了自己的房间。

慢慢地，天浩变了。在家里，他常常不说话了，妈妈不知道儿子想些什么，母子俩的关系也疏远了。在学校，天浩也变得沉默寡言，不像以前那么积极参加集体活动了。

天浩妈妈关心儿子学习的出发点是好的，可是她却忽视了与儿子的交流。如果天浩妈妈能够耐心地听天浩诉说，了解儿子的兴趣，进而教导儿子也应该像参加比赛的歌手一样，胜不骄败不馁，好好学习，那么，天浩得到了妈妈的理解，就愿意向妈妈敞开心扉了。但是天浩妈妈的做法却让天浩感到厌烦，觉得不被理解，因此天浩只能将不满和埋怨深埋心底。久而久之，天浩妈妈就更难了解自己的孩子了。

和天浩妈妈一样，如今的很多父母都没有认识到倾听的重要性。他们尽可能地满足孩子物质方面的需要，却忽视了孩子精神和情感上的需求。的确，处于青春期的孩子有叛逆性，不愿再像小时候一样向父母诉说自己内心的想法。但更多的时候，他们还是有向父母诉说的欲望的，那是什么让孩子不愿再开口说心里话呢？父母或许应该在自己身上找找原因。

许多孩子抱怨，他们的父母不了解他们，在意的只有学习成绩。的确，如今许多父母常常没有耐心听孩子讲一些学习之外的事情，孩子从父母那里得到的不是长篇大论的教导就是否定，而不是支持和鼓励。如果孩子稍有辩驳，换来的说不定还有粗暴的责骂、严厉的惩罚。正是父母这样的"冷态度"，给充满好奇心的孩子们心头浇了一盆冷水，让他们不敢再说，不愿再说了。久而久之，孩子就会觉得自己的想法不被重视和理解，父母与孩子之间的隔膜、误解就会越来越多，不利于家庭教育的展开和亲情的融洽。

其实，父母想要和孩子展开良好互动，让孩子敞开心扉，只要善于倾听就能更容易实现。由于一些复杂的心理和环境原因，可能孩子不习惯直接将自己的心里话说出来，这就需要父母以耐心和平等的心态对待孩子。在孩子讲话时，父母应该认真听孩子把话说完，不打断孩子的话，哪怕言语中有错误，父母也不要立刻责骂孩子，而要为谈话营造一个轻松愉快的氛围，让孩子敢于说，愿意说。

在倾听的过程中，父母也要善于观察孩子的情绪，并适时给予回应。

比如，孩子因为做错事而不敢开口的时候，父母就应该对孩子说些鼓励的话，比如"别害怕"、"慢慢说"等；在孩子说得很高兴的时候，父母也要时不时地微笑、点头，让孩子感觉到父母尊重和理解他们，这样孩子就更愿意说了。同时，从孩子的话中，父母了解了孩子喜欢什么，烦恼什么，也有利于更好地与孩子交谈，正所谓"良好的倾听是交谈的开始"。

父母的理解和信任打开了孩子的话匣子，这时候，父母就可以根据孩子所说的话教育孩子。如果孩子说得对，值得鼓励和表扬，那么父母就要好好夸奖孩子，给孩子更多的自信心。当然，对于孩子错误的言行，父母要认真批评教育，晓之以理动之以情。

放学后，芳芳无心写作业，趴在桌子上发呆。

"女儿怎么闷闷不乐的呀？来跟妈妈说说。"妈妈没有责怪芳芳，而是担心地握着女儿的手，"芳芳，妈妈看你最近总是恍神，是不是有什么心事？妈妈也是从你这么大过来的，说不定妈妈可以帮帮你。"

芳芳想了想说："妈妈，今天我收到一封信，是我们班班长写的……"芳芳看妈妈没有生气，于是接着说："我们是好朋友，他很优秀，学习成绩好，人长得也很帅。妈妈，他说想和我交朋友，我不知道该怎么办。"

"女儿你长大了，妈妈很高兴你愿意跟妈妈讲你的秘密。有人喜欢，证明我女儿优秀嘛。可是你现在还是学生，要以学业为主，你们可以先做好朋友，互相鼓励和帮助，等一块儿考上大学再谈感情的事情也不迟,对吗?妈妈相信你能处理好的。"

"妈妈,你这么理解我,我好开心,还以为你会骂我不务正业呢!"芳芳终于放下了心里的大石头,开心地做作业去了。

俗话说得好,"一双善于倾听的耳朵胜过十张能说会道的嘴巴",这就是倾听的妙处。比如故事中的妈妈,在和孩子沟通时少些批评,少些责骂,多些耐心和理解,多些倾听和鼓励,以宽容和爱心为孩子构筑一个温暖和幸福的家庭港湾,让孩子感觉受到尊重和鼓励,如此便能打开他们紧闭的心扉,让他们愿意和父母多沟通,多交流。

## "角色互换",让代沟在理解中消除

俗话说"知子莫若母",如今很多母亲感叹:孩子大了由不得娘。孩子大了,越发有了自己的主意,生活中若和父母有意见不合,就容易发生摩擦,家庭氛围也变得越发紧张了。一方面父母拿孩子没辙,另一方面孩子也抱怨父母与自己之间有代沟,相互之间很难沟通。其实,代沟之所以产生,这与父母缺乏对孩子的理解有很大的关系。父母习惯了吩咐孩子做事,干预孩子的决定,却忽视了站在孩子的角度,多与孩子沟通,了解他

们的想法。孩子觉得父母太武断，不尊重和了解自己，也就更无法理解父母的良苦用心了。

王梅是一位单亲妈妈，几年来一个人辛苦地抚养孩子，支撑着家。她把所有的希望都寄托在儿子身上。

一天王梅下班回到家，看着儿子正在平板电脑上点来点去，生气得不得了，就冲儿子吼道："天天，明天就要考试了，你竟然还有心思玩Ipad（苹果公司推出的一种平板电脑）！妈妈挣钱给你买这个，是为了让你好好学习，不是让你光拿来玩的！"妈妈一把夺过Ipad。

"妈，您怎么知道我没有好好学习啊？我有老师布置的作业，还要完成补习班的功课，都累得不行了，还不让我玩一会儿啊？我又不是机器人！"天天愤愤不平道。

"你写个作业有什么累？有妈妈累吗？妈妈一个人辛苦地养你容易吗？可你还不好好学习，太让我寒心了！"妈妈有些难过。

"不容易你干吗要养我啊？我知道你辛苦，可你总说这一套，能不累吗？"天天不耐烦地说。

"什么？你这孩子，看我不打你！"妈妈气得扬起了手。

天天见势不对，立马跑进了房间，"哐"一声重重地关上了门。妈妈一个人在客厅沉默了很久，觉得心里很不是滋味。后来好多天，母子俩之间都相互怄着气，谁也不理谁。

像上面这种父母和孩子之间缺少换位思考的故事在很多家庭中都会

上演。故事中，妈妈对天天寄予厚望，希望他认真学习，但仅仅因为天天一次偶然的偷懒，就大动肝火。她没有站在天天的角度考虑，忽视了天天面对繁重的课业负担，适当地放松其实并没有错。天天也明白妈妈不容易，可是面对妈妈披头盖脸的责骂，也觉得不被理解，于是母子俩就吵起来了。

"我过的桥比你走的路还要多"，这是很多父母常挂在嘴边的话。因为有着丰富的生活阅历，父母习惯用大人的标准来评定孩子的对错。可在教育孩子时，父母是否想过，自己要换个角色，站在孩子的立场上看看，审视自己在教育孩子时是否也有过失。人与人之间只有能够互换角色，站在对方的立场看问题，才能互相理解，互相宽容，互相信任。父母和孩子之间也同样如此，父母多站在孩子的角度看问题，才能了解孩子的内心世界，才能以童心去理解孩子的荒唐和叛逆，去宽容孩子的过失，去发现孩子的点滴进步，同样也能反省自己的过失和不足。

在生活中，平等是人际交往的前提。父母要想理解孩子，就应该放下架子，以心换心，以情换情，站在孩子的角度看问题。在交流时父母应该注意说话的语气和方式，做到尊重孩子，才能和孩子做朋友。要想了解孩子，父母不妨回忆一下自己的童年。父母也是从童年时代过来的，可以将孩子遇到的问题放回自己的童年，想想那时自己是怎么想的，又会希望父母如何对待自己。当父母能够按照这样的思路去思考的时候，便会恍然大悟、豁然开朗了！有了这样的感悟，与孩子的沟通就容易多了。

当然，在教育孩子的时候，父母也应该适当给孩子提供机会，让孩子站在父母的角色上去思考问题，体验父母的感受，沟通效果会更好。比如父母工作辛苦，回到家请不要掩饰脸上的疲惫；如果家庭经济暂时周转不开，父母也要让孩子了解境况；如果孩子讨厌写作业、浪费粮食，父母也可以把孩子带到贫穷山区，让孩子亲眼去目睹、去感受。这样做可以帮助孩子看清自己的缺点，就更容易聆听父母的批评和教育，接受父母的建议了。同时，孩子理解了父母，懂得了父母的良苦用心，沟通也会变得容易了。

放暑假了，市里组织了一次"亲子角色互换"夏令营活动，主办方要求参与活动的父母与孩子互换角色，促进亲子关系。爸爸带着雷雷去参加了。

爸爸按照规定必须按时上课，认真地做笔记，还得参加考试，"孩子读书真是不容易啊！连上八节课还真觉得有点儿坐不住！"好多年没拿过课本的爸爸笑着说。

而此刻雷雷却扮演着父亲的角色，出外"上班"，在家做饭……

一次，雷雷见爸爸早上起床晚了，于是叫了一声："起床了！"，见爸爸没反应，紧接着又叫了一声，爸爸才迷迷糊糊醒来了，说道："爸爸能体会你每天上学起那么早的痛苦了。"

看着爸爸用功苦读的样子，雷雷想到了爸爸那时候对自己的鼓励，拍着爸爸的肩膀说："加油！争取给我考个第一回来啊！"爸爸一愣："这不是我的词儿吗？"这时爸爸才感觉到这鼓励里也含着无形的压力啊！"以后不苛求他了，只要尽力了就好。"爸爸想。

通过这次夏令营活动，爸爸和雷雷知道了，原来父母和孩子都不好当呀！于是他们更懂得替对方考虑，父子关系也更亲密了。

父母和孩子之间许多误解的产生，都在于双方没有站在对方的角度看问题，一旦有了互换角色思考的意识和行动，误会也就自然而然消除了。孩子学会了换位思考，体谅父母的辛苦付出和良苦用心，对于父母的批评教育，就会认真地去接受；而父母理解了孩子，才能更好地与孩子沟通，家庭气氛也才会和谐起来。

## 尊重孩子的想法

面对多姿多彩的未知世界，孩子其实一直处在探索和学习的阶段。他们有着浓浓的好奇心，对这个世界充满疑问，在千奇百怪的想象里成长着。然而，现实生活中，许多父母却未能正确对待孩子提出的问题和奇怪的想法，有些父母嫌麻烦而不理睬孩子，有的会对孩子说"别问个没完，玩去吧"、"别胡扯"，有的则以"你长大后就知道了"来应付孩子。也许，孩子的创新意识就这样在父母的不断呵斥中被扼杀了。

兵兵今年13岁，他聪明伶俐，对任何事物都有强烈的好奇心。

有一天，天气闷热，眼看一场暴风雨就要来临了。兵兵经过楼道回家，看见楼道的墙壁上渗出了许多的水珠，觉得很不可思议：墙壁也"出汗"了？

兵兵进了家门就很好奇地追着妈妈问："妈妈，墙壁竟然'出汗'了，为什么？"

"天太热了嘛！"妈妈正在厨房忙着，也没空搭理儿子。

"可是，墙跟人又不一样，为什么天热了墙壁会'出汗'啊？"兵兵不解，继续追问道。

"没看我正忙着吗？一会儿再说。"妈妈说。

"你现在就告诉我吧，到底为什么呢？"兵兵不放弃。

"哪儿来那么多为什么啊？你自己想去，我正忙着呢！"妈妈有些不耐烦了。

兵兵很不理解，委屈地说："我就是自己想不明白才问嘛。"他觉得妈妈不理解和尊重自己，从这以后，兵兵有问题也不愿意问妈妈了。

好奇是孩子的天性，再加上他们的知识储备不够，自然会萌生许多千奇百怪的想法，提出许多问题。这些奇思妙想在父母看来却很平常甚至荒唐，于是有些父母便会敷衍甚至责备孩子，说出"我现在没空，以后再说"、"你怎么这么笨啊，自己想去"等不适宜的话。上文故事中的母亲正是如此，因为忙于自己的事情，她就忽视了兵兵提出的问题，结果就挫伤了兵兵的好奇心，给孩子带来的也许是永久的心灵创伤。

著名教育家陈鹤琴曾经说过:"好奇动作是小孩子得着知识一个最紧要的门径。"在好奇心的驱使下,孩子愿意不断地接触新的事物,敢于向新的事物挑战。所以,孩子的奇思妙想正是他们智力发展的动力,也是他们敢于探索新知、敢于创新的动力。强烈的好奇心能使孩子产生学习的兴趣,进而从学习中体验到乐趣,才会热爱学习,并主动学习。父母是孩子的启蒙教师,应该真诚地对待孩子提出的每一个问题,千万不要将孩子的奇思怪想轻易"打入冷宫",因为孩子勇于创新、敢于求异的好奇"火花"正是智慧的源头。因而,父母都应该注意,在日常生活中尊重和呵护孩子的奇思妙想是很重要的。

父母应该尊重孩子,允许孩子自由地表达自己的看法,重视孩子所描述的每一件小事,欣赏他们的奇思怪想,给他们的笑话捧场。如果父母在听孩子说话时敷衍了事,孩子就不愿再开口了。那些"胡扯"、"少插嘴"、"废话"等浇熄孩子智慧火花的话不应该成为对孩子的回应。在尊重、重视的基础上,父母可以进一步鼓励孩子大胆地提问题。多提问题可以鼓励孩子开动脑筋,帮助孩子引发更深层次的思考。当孩子对新奇的事物提出问题时,父母应该认真地倾听,并加以引导,尽可能地让他们自己寻找答案。比如鼓励孩子主动到图书馆查资料、记笔记,到网上查找等。保护孩子的奇思妙想,孩子就敢于提出更多"不着边际"的问题。希望所有父母都记住,大人的一句赞赏话语,往往可以造就出一个奇才。

另外,在和孩子讨论问题时,父母应尊重孩子的观点。无论孩子的想法是否正确,父母要耐心地听孩子讲完,打断孩子的话或者剥夺孩子的发言权只会让孩子不敢再发言,那些奇思妙想或许就被无形地扼杀了。同时，在讨论时，父母也不能把自己的观点强加给孩子，毕竟，孩子也有自己的想法，有自己的思维方式。

最近，网络上一则关于青年人未给老人让座而遭到网友"炮轰"的新闻引起了晗晗的注意，晚上吃完饭，她和爸爸妈妈讨论起了这个问题。

晗晗说："我很理解那个没有给老爷爷让座的年轻人，我觉得大家不应该责备他。"

爸爸听女儿这么一说，感到很震惊，因为他从小教育女儿要尊老爱幼。但爸爸没有轻率地否定晗晗的想法，而是耐心地问道："你为什么这么认为呢？"

晗晗看爸爸没有批评她，心里轻松了很多，接着说道："说不定他不是不想让座，而是身体不舒服更需要座位呢？尊老爱幼是咱们中华民族的传统美德，老年人行动不方便，给他们让座是应该的。但是，有特殊情况就应该特殊考虑嘛。"

"嗯，你说的对！有特殊情况是值得原谅的。"爸爸看晗晗能够独立思考，敢于提出自己独特的见解，心里很自豪。

"但是，晗晗，虽说这种特殊情况我们要考虑，但如果以这种借口而故意不给老年人让座就不对了，是吧？"爸爸接着说道。

"嗯，我知道爸爸。"晗晗看爸爸这么理解她，开心极了。

其实，父母都应该向晗晗爸爸学习，注意倾听孩子的想法，尊重孩子的奇思妙想，因为理解和尊重是相互的。如果父母能够做到不以大人的价值观去否定孩子的独特见解，能够保护孩子创新思维的火花，尊重和积极地引导孩子的好奇心，这样不仅能够培养孩子独立思考的能力，也能增进与孩子的融洽关系，让亲子之间的沟通和交流更直接和有效。

## 关注孩子，了解孩子的真实想法

不少父母觉得孩子越大越不好管，而且很多父母觉得对孩子的想法了解甚少，就趁孩子不在的时候偷看孩子的日记，而孩子为了防备父母的"偷袭"，在日记里也经常写些假话。

为什么父母会不理解孩子的真实想法呢？除了本身存在的年龄差距之外，还有社会阅历不同引起的对事物的看法不同，然而主要的原因是父母没有真正地去了解孩子，只是一味地用自己的思维方式去猜测孩子的想法。可是父母的猜测很多情况下都是不对的，这样容易引起了父母对孩子的误解，造成亲子沟通困难。

芳芳上初二了，本来成绩不错，但最近经常逃课去网吧，导致这次考试成绩很不理想。妈妈问她怎么回事，她就借口说没发挥好。由于担心女儿的成绩，妈妈就找芳芳的班主任了解了一下芳芳在学校最近的表现。得知孩子经常逃课去网吧后妈妈非常吃惊，因为芳芳一直很听话，妈妈对她也比较放心。

"芳芳为什么会去网吧呢？"妈妈很不能理解。

"芳芳最近状态不太好，就是上课也是心不在焉的。是不是家里发生了什么事啊？"班主任问道。

"家里并没有什么事情发生啊，等我回家问问她怎么回事吧。"妈妈觉得应该和芳芳好好谈一谈了。

回家后，妈妈问芳芳为什么逃课，芳芳漫不经心地说："反正你也不关心我，问这干什么？"

"你是妈妈的女儿，妈妈怎么会不关心你呢？"芳芳的回答让妈妈惊讶得半天说不出话来。

"我们班好多同学的妈妈担心他们在学校吃不好，中午都会给他们去送好吃的，你就没去过。"

"你不是每天都会带些爱吃的零食吗？"

"那不一样，还有我同学的妈妈都会在假期给他们报补习班，生怕他们学不好，你都没跟我提过这些事！"芳芳气愤地说。

"你的成绩一直不错，妈妈对你也很放心，所以觉得没必要给你补课，没想到你跟妈妈想得这么不一样……"妈妈叹息着说。

芳芳还告诉妈妈，她是故意不上课，考试没考好的，为的就是引起妈妈的注意。而且以前芳芳委婉地说过类似的话，但妈妈都没在意。

## 第二章 做善于倾听孩子心声的好父母

芳芳的内心渴望受到关注，所以故意做一些出格的事以引起妈妈的关注。但妈妈从芳芳以往的表现判断芳芳是个让人放心的孩子，所以对她的要求比较少，没想到，在芳芳看来却成了妈妈不关心她。妈妈不了解孩子内心的真实想法，导致本应亲密的母女关系出现裂痕。

父母教育孩子时要明白，教育孩子应站在孩子的角度考虑问题，以孩子的想法为主，让孩子做主角，而不是用自己的想法去教育孩子。其实想了解孩子真实的想法，还是有不少好方法供父母选择的。

第一，父母应学会听孩子说话。孩子心里怎么想的，他们不说，做父母的是很难知道的，因此，听孩子说话也是一门很高深的艺术。听孩子说话，并不是孩子说，你听就行了。在听的过程中，父母应注意不要随便打断孩子，更不要对孩子的话不以为然。此外，父母还应能听懂孩子的"弦外之音"，比如，孩子最近老说某个学习机功能多好，用着多方便，那你就要想想，孩子的学习机是不是该换了。如果你不确定孩子的想法，为了避免产生误解，也可以直接问孩子，但说话的口气要和蔼。

第二，父母可以培养与孩子共同的爱好。与孩子有了共同的爱好，跟孩子沟通起来就不会除了学习无话可说，这可以说是一个从侧面了解孩子的好途径。

莹莹最近很迷恋当红明星黄晓明，整天关注娱乐新闻，了解黄晓明的生活动态，还在自己的房间里贴满了黄晓明的海报。妈妈不知道孩子对明星迷恋到什么程度，担心追星会影响莹莹的学习，于是，妈妈也关注起黄晓明来，还时不时地跟孩子讨论一下黄晓明拍过的电视剧。

最近，黄晓明出演的电视剧《精忠岳飞》很火，网上爆料黄晓明演戏为求逼真，生吃蚯蚓。妈妈就这个话题又和莹莹聊了起来，莹莹说黄晓明很有敬业精神，妈妈调侃道："你追星也很有敬业精神啊！写作业的时候还能在草稿纸上给黄晓明做画像。"妈妈指着莹莹的草稿纸说。

"妈，我没有那么迷恋黄晓明，那是我同桌画给我看的，你没发现我是在做完作业之后才看这些八卦新闻的吗？还好意思说我，你是不是把那张我最喜欢的海报拿走了？"莹莹得意地问。

"被你发现了啊……"妈妈尴尬地笑了笑，知道孩子没影响学习，那就放心了。

在与莹莹聊八卦的时候，妈妈了解到莹莹比较喜欢历史，对汉武帝刘彻也很欣赏，正因为她看了黄晓明扮演的刘彻，感觉不错，所以才关注起黄晓明来，但是莹莹对历史的热情依然不减，在看《精忠岳飞》的同时，莹莹还搜集了很多关于岳飞的事迹，时不时地跟妈妈讲一下。

从故事中我们可以看出，共同的爱好不仅让妈妈了解到莹莹对于追星的看法，还和莹莹建立了不错的友谊。跟孩子有相同的爱好，尤其是一些比较新奇的兴趣，会让孩子觉得父母也很时尚，跟父母交流起来也不会觉得那么无趣，让孩子对父母有一种跟同龄人在一起的感觉，这样孩子更愿意把心里的想法告诉父母。

第三，父母应试着去了解孩子的学校生活。孩子上学期间，大多数时间都是在学校度过，不可否认，校园环境对孩子的影响是很大的。父母可以让孩子经常带同学到家中来玩，通过他们的闲聊，可以了解到不少孩子在学校的事情，为更好地了解孩子的想法打下基础。除此之外，父母还可以经常和孩子的任课老师多交流，以更好地了解孩子的学习情况。

# 父母应鼓励孩子多问为什么

孩子的成长离不开思考，而问问题就是爱思考问题、有求知欲望的表现，如果父母对孩子的求知行为不给以支持的话，那么孩子以后就难以培养开放性思维，形成独立思考的习惯。

妈妈带小平到舅舅家做客，为了招待小平母女，舅妈特地做了很多新样式的菜。吃饭的时候，小平看着没见过的菜式不停地向妈妈发问："妈妈，这个菜叫什么啊？它是怎么做的？为什么咱们家没有这样的菜？"

刚开始，妈妈耐心地一一回答了小平，后来问到妈妈也没见过的菜时，妈妈就有些不耐烦了，但是在别人家，不好意思发火，就耐着性子说："这个菜妈妈也没见过，你可以问问舅妈。"舅妈微笑着对小平的问题做了解答。

可过了一会儿，小平的问题又来了，妈妈觉得孩子这样很失礼，忍不住生气地说："你这孩子怎么这么不懂事，好好吃饭，哪儿来这么多问题？"之后，小平就低着头不说话了。

舅妈为了防止场面尴尬，连忙说："孩子不懂就问，这很正常啊，我们不也常这么教孩子吗？"但这已经难以挽回什么了，在妈妈说过小平之后，小平就已暗下决心：不管什么问题以后再也不问了。

年龄虽小，但小平却一直记得妈妈不让她老问问题。以前数学课本中发散思维的题比较难，老师都不作要求，但小平每次都会跟同学讨论一下，然后不懂的地方问问老师，过后自己再认真地做一遍。可是小平现在却不怎么看那些题了，也不愿去问老师了。

不得不说，妈妈的话对小平的影响还是很大的，如果妈妈对小平的发问，没有指责的话，也许小平已经是个小小数学家了。为了能让孩子在以后的生活中更好地思考问题，父母对于孩子问的问题应报以认真的态度，鼓励、引导孩子多问问题，多思考。

首先，父母应让孩子自己找答案。有时候孩子问的问题比较有知识含量，比如，"打闪电的时候天为什么会那么亮？"对于这样的问题，父母可以让孩子试着自己查资料找答案，让孩子在探索中学会主动求知。

亮亮对鱼有着浓厚的兴趣，很小的时候，亮亮自己就养了很多鱼。

亮亮爱养鱼，更爱研究它们。"妈妈，这些金鱼为什么是红色的？"亮亮一大早就开始盯着鱼缸里的金鱼，"而且这条买的时候是黑的，为什么后来变红了呢？"妈妈还没来得及回答，亮亮又指着另一条金鱼问道。

"亮亮，前两天妈妈不是给你买了两本跟金鱼有关的书吗？你去查查，或许会有答案。"

"那我现在就去！"亮亮说完就跑去看书了。

不一会儿，亮亮就查到了，还亲自跟妈妈讲解了一下。"亮亮真了不起，这么小就会思考这些问题了，长大了是不是要当个科学家呢？"妈妈赞扬道。

"妈妈也很厉害，居然能猜到我的梦想。"亮亮笑着说。

为了开拓亮亮的知识面，妈妈又为亮亮买了很多书，现在亮亮的房间都成了一个小书房了。

对于亮亮的问题，妈妈没有立刻给以回答，而是让亮亮自己找答案，因为找答案本身也是个思考的过程，这样可以让孩子形成自己独立思考、解决问题的习惯，而不是什么都依靠父母。并且孩子能在找答案的过程中发现新的问题，激发孩子问更多的"为什么"。

其次，父母可以对孩子的问题进行反问。在孩子问父母"为什么"的时候，父母可以问孩子一句"你觉得这是为什么呢"。这样可以激发孩子

主动思考的乐趣。

小雪每个星期天都喜欢请同学到家里来玩,并且每次都会准备些好吃的招待他们。这回来小雪家的同学中有个叫小新的女孩,小新的家庭条件不太好,穿着比较朴素,看到其他同学都穿着漂亮的衣服,不禁有些自卑。

大家说笑的时候,小新就在一旁默不作声。很快,小雪就发现了小新的反常,于是关心地问:"小新,你怎么了,是不是不舒服啊?"

"没有,我很好。"小新有些不太自然地说道。

"那为什么闷闷不乐呢,是不是有什么事啊?"

小雪的一句话让小新想起妈妈今天要做钟点工,她还要早些回家去做饭,于是匆忙地说:"没有,我还有事,先走了。"然后,匆匆地离开了。

送走同学,晚上小雪跟妈妈说起了今天的事,然后问妈妈:"我没有对小新招待不周啊,她为什么不高兴呢?"

"你觉得呢?"妈妈不回答,反问道。

"我觉得她好像怕我们一样,总是低着头说话,好像有点儿自卑。"小雪想了想说。

"她为什么会自卑呢?"

"她学习比我们都好,没必要自卑啊……难道因为她家庭条件不好?"小雪忽然想起来小新总是省吃俭用的。

"那你打算怎么办呢?"妈妈循循善诱。

"想办法让她树立信心!"

"你知道怎么办了,那我就不多说了。"妈妈慈爱地摸了摸小雪的头,便起身回自己房间去了。

小雪在妈妈的引导下找到了朋友小新不高兴的原因,并且自己想出办法,去帮助同学,这样下次小雪遇到类似的问题自己就可以解决了。对孩子提出的学习以外的问题,父母应给以同样的重视,一样要引导孩子去思考、解决。因为孩子以后的人生并不只是学习,为人处世也很重要,鼓励孩子多问问人际方面的问题也是必要的。

最后,父母应认真对待孩子的问题。有时候孩子的问题难免可笑,但父母不能因此嘲笑孩子。也有很多时候,孩子问的问题,父母也不知道答案,这时候父母不要因为自己不会而不好意思,可以跟孩子一起找答案,或让孩子向学问更高的人请教。

# 第三章
# 父母应多角度鼓励和安慰孩子

孩子在成长的道路中会遇到很多困难,面对这些困难,父母要做的首先就是多鼓励孩子,让孩子直面困难,并且要用语言来安慰孩子,让他不要被困难的表象所吓倒;要用微笑来克服困难,用勇敢来战胜挫折,用智慧来解决困难……

但是,这一切的前提是,父母要学会安慰和鼓励孩子。过分安慰和无效鼓励,有时候只会让孩子觉得克服困难是一句空话,而无法真正地战胜困难。

第三章　父母应多角度鼓励和安慰孩子

# 让孩子用微笑面对人生

人生就像是一面镜子,你如何对待它的,它也会如何对待你。比如,孩子对朋友、同学不友善,那么朋友或同学也不会对他露出笑容。父母应及早让孩子明白这个道理,让孩子学会用微笑来面对自己的朋友或同学,也要用微笑来感染他人,面对人生。

莫小达是一个很讲义气,对人很有礼貌的男孩,不管在校内还是校外,都受到小伙伴们的追捧和崇拜。

渐渐地,莫小达有些自满自大起来,不再对人微笑,说话的时候也是一副趾高气扬的样子,他觉得这样的自己在小伙伴当中显得更有威信,因此,他变本加厉,越来越不苟言笑了。

最近,班上来了个转校生,是个高高大大,看起来很厉害的男孩。因为这个转校生不仅学习成绩好,打架也很厉害,所以有一部分小伙伴便渐渐和莫小达疏远,"投奔"了转校生。莫小达因此对转校生很不友善,总想着如何找他麻烦。

这天，正好轮到莫小达和转校生做值日，莫小达很不客气地跷着二郎腿，指挥道："喂，你，去把黑板擦了，去把地扫了。要不然，小心我去老师那里告状。"

转校生名叫王刚，一开始还算听莫小达的话，把能干的活全干了，但后来，王刚就不乐意了。

原来，王刚叫莫小达一起打扫卫生，叫了他一次、两次，莫小达都置之不理，稳稳地坐在板凳上玩手里的扑克牌。王刚急了，大声地说："我今天已经做了那么多事情了，你是不是应该一起来擦下桌子、扔个垃圾？"

莫小达装作没听到，依旧自己玩自己的，王刚顿时来了气，走过去把他的扑克牌夺过来，从窗户扔了出去。

这下子，莫小达也恼了，两个人扭打在了一起，直到有同学看到，找来了正要下班的班主任。

班主任看着他们两个，身上都脏兮兮的，幸好都没受伤。

"说吧，怎么回事？"班主任问。

"谁让他总是一副老大的样子，叫也不听，总是摆着一张臭脸，要多难看有多难看。"王刚小声说着，把事情的来龙去脉大致讲了一遍。

班主任看着莫小达，问："他说的都是真的吗？"

"你不是也一样？以为学习好就有本事啊，话都不会好好说，还怪我不会笑。"莫小达也不甘示弱地回道。

"你们两个都有错，"班主任叹了口气，然后严肃地看着他们，给他们讲了个故事，"一个年轻小伙子当上了推销员。虽然他工作起来非常努力，效果却总是不理想，以至于想放弃而去从事其他行业。有一天，当他遇到了一位老朋友，老朋友问他为什么愁眉苦脸时，他恍然大悟。因为他总是愁容满面地去见客户，试想，有谁愿意从一个不愿意对自己笑的人手里买东西呢？当然，客户更不会给他好脸色。"

"你们也是一样，因为一开始就对对方有成见，所以都不会微笑待人，才变成现在这个样子的。如果你们试着在和对方说话的时候笑一笑，我想，事情肯定会得到改变的。"

莫小达和王刚惭愧地低下了头，再抬头时，两个人会心一笑，刚才的吵架事件似乎从来没有发生过一样。

孩子往往不明白什么是微笑面对人生，在生活和学习中，也不善于控制自己的情绪，所以经常会完全顺着自己的心意来做事，一旦遇到像故事中的事件时，就会出现发脾气或是打架骂人等不理智的行为。故事中的两个孩子，由于对彼此有成见，不会微笑待人，最终演变成"仇人"，又打又骂，幸好最后经过班主任的调解，两个人都认识到了自己的错误，对对方露出了笑容，完美地解决了这一事件。

在学校有老师教育孩子，在日常生活中，就需要父母多关心孩子。当孩子遇到困难和挫折的时候，父母要多鼓励和安慰孩子，帮他分析问题，指出他错在哪里，教会他微笑着面对他人和生活。

微笑是人类最美丽的表情，它不仅能使孩子心情愉快，还能消除不安和挫败感。当一个人遇到困难需要安慰时，如果看到别人都对自己微笑的话，相信他的心情一定会变好，就算有什么消极情绪，也会因此而逐渐消除。不仅如此，在与人的相处中，微笑代表着认可、好感与接纳。在孩子的性格还不完善时，如果父母教会孩子不管在任何时候先对他人微笑，就有助于孩子建立起和谐的人际关系。所以，父母要教会孩子微笑面对人生，要让孩子知道微笑的好处，让他知道微笑的美丽是世界上任何事物都无法相比的。当孩子学会微笑后，再教他在心里不快时用微笑调节自己的情绪，做一个"微笑达人"。

如果孩子和朋友发生了冲突而大声吵闹时，父母可以趁机教育孩子，让孩子学会用微笑感染对方，而不是和对方发脾气，这样做不仅阻止了争吵还帮孩子维护了友谊，一举两得。

此外，微笑还能让孩子学会关心别人。

袁小佳的好朋友小典最近很不开心，因为最疼爱他的奶奶过世了，小典十分痛苦，每天眼睛都哭得又红又肿。袁小佳很担心，想为好朋友做点儿什么，但又不知道应该做些什么。

袁小佳去问妈妈，妈妈说，只要多关心他，让他心情愉悦，情况就会慢慢变好的。

妈妈还说，真诚的笑容是最容易打动人的，让袁小佳陪在小典身边的时候多笑笑，用心去关心他。

听了妈妈的话，袁小佳马上灿烂一笑，用力点着头，冲出了家门——她要让小典再现笑容。

父母在安慰和鼓励孩子的同时,还应教育孩子学会关心他人,让孩子用微笑去感染他人。就像故事中的妈妈一样,孩子的好朋友遇到了难过的事,这位妈妈教孩子如何用微笑的力量去帮助对方。父母也可以借鉴这个方法,这样,当孩子身边的朋友感到失落、难过时,他就可以用这些方法,去安慰朋友,使朋友重新开心起来。这样一来,不仅让孩子体会到了微笑的力量,还在无形之中加深了与朋友间的友谊。

## 男孩爱哭怎么办

"哭鼻子"并不是女孩的专利,男孩在成长的过程中也经常会因为一些不如意的事情而大哭大闹。面对这种情况,父母经常会失去耐心,对孩子打骂一顿拉倒。其实这种做法是不可取的。当孩子因为某些事情而受到打击哭鼻子时,父母要多关心他,想办法鼓励和安慰孩子,而不是凶巴巴地指责他,否则只会让孩子不愿意和父母交流,渐渐和父母疏远起来。

石永亮是一名男生,活泼开朗,聪明好学,升入小学四年级后，一心想当一名班干部，为同学、为班集体作些贡献。可没想到的是，那一天，老师竟然选了一名比他差的学生当班干部，他觉得很委屈，越想越难过，回家的路上眼泪就在眼眶里打起了转。

"儿子，你这是怎么了？"回到家，妈妈看他眼圈红红的，就问道，"是不是在学校被人欺负了？"

"……不是，是老师……老师不让我……呜……"谁知道石永亮话没说完，就呜呜地哭了起来。

妈妈眉头一皱，板着脸说道："一个男孩子，成天哭哭啼啼的像什么样子？不准哭，再哭妈妈打你屁股了！"

石永亮见妈妈不仅不替自己打抱不平，还要打自己屁股，心里更委屈了，嘴一咧，哭得更凶了。

妈妈见状，走过去就朝他的屁股拍了一下。石永亮哭着跑回了自己的房间，不管妈妈在门外怎么敲、喊，他都装作听不见，蒙着被子呜呜地哭着，直到哭累了，抽泣着进入了梦乡。

妈妈在外面又急又气又后悔，恨自己没先问清楚儿子到底发生了什么事情，可就算自己有错，一个男孩子一开口就哭哭啼啼的也不对啊，真是越想越郁闷。当儿子睡着后，她用钥匙轻手轻脚打开了儿子的房门，看着儿子哭肿的眼睛，轻声地叹了口气。

从这天开始，妈妈发现儿子变得不太爱和自己说话了，自己喊他的时候，他也经常躲着或者一直低着头说话，曾经活泼开朗的孩子，变得十分的内向，郁郁寡欢。

在生活中，很多父母看到自己的儿子遇到挫折或受到打击而哭泣时，都会像石永亮的妈妈那样教育孩子，而不是帮助孩子渡过难关，给他们多一些安慰和理解。在父母的眼中，自己的孩子是个男孩，就应该坚强些，即使身体受伤或受到打击也不应该像女孩那样哭哭啼啼，他们认为，男孩一旦形成哭鼻子的习惯，长大后也会变得懦弱，不敢勇于面对困难。这样的男孩怎么能成为家里的"顶梁柱"呢？的确，父母的担忧不无道理，他们的想法是好的，但是，他们却忘记了一件事：对孩子进行情感教育时，要考虑他的年龄，也要区分具体情况，不能搞"一刀切"的强制式要求。

那么，父母面对啼哭不止的男孩，到底应该怎么做呢？

父母不要强制要求孩子"不准哭"。当孩子在遇到挫折而哭泣时，父母不应一味地责备，不让他哭，反而应该鼓励男孩哭出来。对成人来说，偶尔的流泪哭泣还是一种释放压力的方式，对孩子来说，哭泣更是有着丰富的含义。哭，既是孩子宣泄不良情绪的一种常用方式，也是向父母求助的一种信号，更是对自己能力不及的一种反映，还是孩子自我疗伤的一种手段。

张英年是个男孩，他家的家教很严，父母再三强调：男孩必须要坚强，不能哭，也不能闹。因此，张英年在外人眼里，从小就是个听话、能干的好孩子，只不过性子有点儿闷，不善于和人沟通交流。

张英年的父母觉得这会影响到张英年的成长，便带他去了心理咨询处，希望专业人士能帮助张英年。心理医师经过一番询问，最后确定，是张英年父母的教育方法出了问题。

"虽然张英年是男孩，但当他心情不好的时候，做父母的应该鼓励孩子哭出来，把心里的不良情绪发泄出来。"心理医师这样对张英年的父母说道。

"让他哭？男孩怎么能哭呢？那样太娇气了。"张英年的爸爸说道。

心理医师摇摇头，笑着说道："男孩怎么不能哭？和大人一样，孩子也会有情绪，遇到问题的时候也会想找个发泄渠道发泄一下。哭是孩子最直率的发泄方法，做父母的不能剥夺孩子的这一权利啊。"

"可是……"张英年妈妈还是觉得男孩整天哭哭啼啼的不合适，心理医师像是看出了她的疑虑，微笑着说道："不是让他成天哭，男孩还是应该有志气一点儿嘛，这一点，其实孩子自己也知道的，所以很多男孩在哭的时候，其实是背着人的。所以父母偶尔发现孩子忍不住在你们面前哭了，不要一味训斥，应该打开他的心结，鼓励他用哭的方式发泄不良情绪。"

"原来是这样。"张英年的父母这才明白。人都有脆弱的时候，在这种时刻，哭确实是一剂良药。

当男孩哭泣的时候，父母应多关心和安慰孩子，等他哭够了，把心中的不良情绪完全宣泄出来后，再向他询问事情的经过，和孩子一起讨论问题的解决方法，让孩子的注意力逐渐转移到如何分析和解决问题上，而不是自己刚刚哭了的事情上。时间一长，孩子再遇到类似的问题时就会心中有底，哭泣的次数也会逐渐减少的。

父母在安慰孩子的同时，还应教会他控制情绪的方法，让他在遇到困难和挫折时，不要一味地哭泣，应适当地调整自己的情绪，让自己尽快摆脱负面情绪的影响，变得积极、自信、快乐起来。

男孩在成长的过程中会逐渐产生性别意识，已经明白自己是一个小小男子汉了，不应该哭。但是，每个人在生活中都会遇到很多的问题，当这些问题积压太多的时候，男孩也会忍不住哭出来，这时候父母应以劝慰为主，并告诉他"遇到十分难过的事情时，就哭出来吧"，让男孩在放下心理负担哭出来的同时，教育他学会控制自己的负面情绪，要做到"小事不哭，大事畅哭"。

## 鼓励孩子遇事不再悲观

很多时候，孩子因为得不到父母的关注和鼓励，在遇到困难时自然而然地就会把事情往坏处想，变得悲观起来。这对孩子的成长十分不利。所以，当孩子遇到挫折时，父母一定要及时鼓励孩子，让孩子学会

把话说到孩子  心里去

积极地面对困难,而不是用消极的态度对待人生。

金小钻是一名初三的学生,本来性格开朗,是个爱说爱笑的大男孩。但最近不知道是不是初三学习压力太大,他总流露出一种对生活绝望的神情,见人就说"活着早晚也要死,这么拼命做什么"之类的话。

这天,金小钻没去上学,而是在家里睡懒觉,爸爸发现后,来到他房间关心地问:"儿子,怎么没去上学?生病了吗?"

金小钻没回答,不耐烦地翻了个身,躺床上继续养神。

"怎么不理爸爸,真生病了还是装病?"

金小钻见躲不过去了,便支着身子坐了起来,懒懒散散地回答说:"反正我成绩又不好,再学也比不过年级第一名,还不如在家睡觉。反正人早晚都是死,学不学东西有什么区别?"

"儿子你怎么这么说呢?做人不能太消极啊。"

"没消极,讲事实而已。算了,在家也睡不好,我还是去学校混日子吧。"说完,他郁闷地甩了甩头,在爸爸开口之前,从床上跳下来,穿好衣服,拎着书包出了家门。

很多孩子在遇到困难时就会习惯性地往坏处想,看不到事物美好的一面。为什么孩子会变得这么悲观消极呢?这多半是由于孩子年龄小、阅历浅等,对自身的能力认识不足,面对问题时走入思维的误区所致。因此,父母在和孩子交流时,应帮助他正确认识自己,了解自己的能

力，多鼓励孩子，让他学会用积极乐观的态度来面对人生和困难，要相信自己，相信生活是美好的。

父母要让孩子明白世上美好的事物总比丑陋的事物多得多。孩子之所以会产生悲观的想法，有可能是因为看多了社会的负面事件，从而产生了以偏概全的印象，再加上遇到难题时产生挫败感，而父母又没及时地鼓励和安慰孩子，种种问题叠加到一起才让孩子产生了悲观情绪。

面对这种情况，父母可以多和孩子讲社会上的感人事迹，让他看到世上的温情和美好；多领孩子四处走走看看，让他看到自己身处的城市、家乡的新变化，亲身体会到美好事物无处不在。更重要的是，父母可以在适当的时候引导孩子认识到：这个世界是有缺憾，但是这并不能掩盖花儿的美丽、阳光的灿烂、生命的美好。

父母要帮助孩子正确认识自己的能力。很多孩子在遇到麻烦或挫折时，就会有种挫败感，对自己的能力有些质疑，而事实上，真正的原因往往是孩子没有能正确发挥自己的能力，如做事不讲方法而事倍功半；浅尝辄止，没有继续坚持就认为自己的能力不够，克服不了。这时，就需要父母帮助孩子正确认识自己了，如可以通过一起努力，引导孩子"再坚持一下"、"换一种方法试试"等，父母还可以告诉孩子自己小时候面对类似难题时的感受和解决之道，就会让孩子逐渐醒悟过来："哇，原来我的本事还是不小的嘛！"悲观情绪自然消失得无影无踪了。

当孩子做事总是笨手笨脚的时候，他很难把自己看成是会成功的人，这样，他的自信心就会减少，各种悲观想法就会从大脑里一涌而出，使他更加没有自信，陷入恶性循环。所以，多让孩子体会到成功的喜悦，是孩子获取自信心的最佳方式。父母可以故意安排一件容易的事情让他完成，并可以暗示他，这是一个艰巨的任务，除了他其他人都不能完成。父母的信任，会使孩子信心倍增，获得成功后的成就感也就增大，渐渐地，悲观情绪就会离他而去。即使孩子没有做好，父母也不要批评孩子，要多鼓励他，让他继续努力，安慰孩子不要害怕失败，下一次一定会做得更好。

另外，父母还要让孩子知道，遇到困难向他人求援并不是一件丢脸的事情，相反，主动向他人求教可以让他学到很多知识，要鼓励孩子多问，多求助。有时候，孩子遇到难题而自己一时难以解决时，往往会自己生闷气也不愿意向老师、父母求教，这是为什么呢？原来这个年龄的孩子已经有了比较清晰的"面子"意识了，同龄人能搞定的事情，自己却搞不定，多没面子？而再求教师长，只会让更多人知道自己的"笨"，那就更没有面子了。这种顾虑越积越多，时间长了，遇到的问题也会更多，悲观情绪自然产生。

当发现孩子有麻烦而又不求援时，父母可主动和孩子沟通，用讲故事、聊天等方式化解孩子心中的顾虑，让他明白，父母也有自己不懂的事情需要向别人请教呢，孩子这么小，正是学知识的时期，有解决不了的事情才正常，向师长请教不是丢人的事，并鼓励孩子多向父母或同学、老师请教问题。

第三章　父母应多角度鼓励和安慰孩子

## 面对挫折，鼓励孩子自己站起来

当孩子遇到挫折或困难，不小心跌倒的时候，心疼孩子的父母往往会跑到孩子身边，不仅亲自扶孩子站起来，还会埋怨困难为什么要找上自己的孩子，让孩子感觉自己更委屈，从而渐渐缺乏了解决困难、自己站起来的勇气。这种过分的安慰对孩子的成长十分不利。

铭宇很快就要上初中了，这本来是一件让人高兴的事，但现在全家都纠结在要不要让她住校的问题上。

因为铭宇是独生女，一直被父母和爷爷奶奶捧在手心上，别说帮妈妈做家务，就连自己的衣服她也从来没洗过。所以她的学习成绩不错，但生活自理能力却很差。暑假结束后铭宇就要上初中了，学校离家很远，需要住宿，可是家人既担心她照顾不了自己，又怕她吃不了苦，铭宇自己也很烦恼。

妈妈决定趁铭宇暑假期间教她自己照顾自己，包括收拾房间、扫地、拖地、洗衣服等，可是刚跟妈妈"培训"了一天，铭宇就累得直不起腰来，连连对妈妈说："太累了，我学不会！"

奶奶心疼铭宇，说："孩子的任务是学习，哪用得着她干活？累坏了怎么办？咱不住校了，在学校附近租个房子，我去照顾她。"

就这样，铭宇不需要面对住校的困难了。

我们常说，"天将降大任于斯人也，必先苦其心志，劳其筋骨，饿其体肤"，可见，人不吃苦，是干不成大事的。马克思也曾说过："人要学会走路，先得学会摔跤，而且只有经过摔跤，他才能学会走路"。所以说，在孩子的成长道路上，当他们遇到困难时，父母要给他们克服困难的机会，就像事例中的铭宇，本来住校可以很好地锻炼她的生活自理能力，但家人害怕她吃苦，就帮她解决了这个问题，其实他们这是在扼杀孩子学会独立的机会。因此，在孩子遇到困难时，父母应鼓励孩子自己解决问题。父母要让孩子接受"自己跌倒了自己爬起来"的思想。但如何培养孩子的独立意识呢？

生活中，父母可以多给孩子讲一些名人战胜困难的故事，或者拿身边的事例教育他，让他明白不怕失败、不怕吃苦是件光荣的事情。当孩子从内心接受这种思想，再面对困难时，就不会再有畏难情绪了。

在耀华十五岁生日那天，爸爸妈妈送给她三本新书，有《贝多芬传》、《张海迪的故事》和《林肯》，耀华最喜欢看书了，每天都捧着书看。五岁就高位截瘫却自强不息的张海迪让她佩服不已，

## 第三章　父母应多角度鼓励和安慰孩子

在耳聋后依然创作出伟大作品的音乐家贝多芬让她充满敬佩，而经历了无数挫折最终成为美国总统的林肯更成为耀华心中的传奇人物。从此以后，原来那个害怕挫折、一遇到困难就逃跑的耀华也慢慢变得勇敢起来了。

耀华的父母正是希望孩子看过这些故事能够明白，很多名人都是在经历了苦难之后才取得成就的。当孩子明白跌倒不可怕，站起来更可贵时，才会变得更坚强。当他们长大成人步入社会后，更会拼出一片属于自己的灿烂天空。

当孩子遇到挫折想要放弃时，父母要鼓励他自己站起来。

刘强从小学四年级开始就是个运动健将，每次学校开运动会他都能拿到跳高、跳远和短跑的冠军。现在他升入初中了，学校又要举办运动会，他依然报了这三个项目。

第一天是短跑比赛，刘强信心十足。但让他没想到的是，看起来貌不惊人的对手都跑得特别快，最后他只跑了第八名。刘强感到十分沮丧，他觉得很丢脸，连第二天的比赛都不想参加了。

回到家以后，刘强还是闷闷不乐的。妈妈问他怎么了，他告诉妈妈想放弃第二天的比赛。

妈妈问他为什么，他说："今天就没跑好，才得了第八名，丢死人了！明天要是再拿不了冠军，同学们该笑话我了！"

妈妈说："你现在进了新的学校，和你一样优秀的学生有很多，其实名次不是最重要的，只要上了赛场，能坚持到最后的运动员就都是胜利者，再说了，不试一试怎么知道自己成功不了呢？"

妈妈的一番话让刘强也想明白了，他调整好了自己的心态，以平常心参加了第二天的跳高、跳远比赛，最后取得了跳高第一名、跳远第三名的好成绩。

正是刘强妈妈充满鼓励的话给了他力量，让他重新获得了成功。事实上，每一个孩子在摔倒后，都有站起来的能力，只是父母有时候太心疼孩子，过分安慰孩子，而不是鼓励他自己站起来，没有给他发挥这一能力的机会。对于父母来说，要多像故事中的刘强妈妈一样，忍住疼惜儿子的心情，对他的磕磕碰碰表现出淡然的态度，鼓励他依靠自己的力量战胜困难，这样才能让孩子茁壮地成长起来。

## 教会孩子遇事冷静

很多时候，孩子在遇到一些突发事件时，总会变得惊慌失措，直到父母出面他们才会逐渐平静下来。然而当再次面对突发事件，孩子还是一点儿也不冷静，不会处理，让父母安慰也不是，教育也不是，都不知道如何和孩子说通这个理。

豆豆太情绪化，太难管教，让爸爸妈妈十分头疼。每每看到儿子，他们都会无力地说道："儿子，你到底什么时候才能长大？"

豆豆却完全不听这些话，反而一遇到事情，就会被情绪所左右，忽哭忽笑，爸爸妈妈都不知道拿他怎么办了。

这一天，妈妈做了豆豆最爱吃的蒸蛋，豆豆高兴地在妈妈脸上亲了一口，甜甜地说道："妈妈，我最爱你了。"

"那就听点儿话，别总让妈妈伤心。"

"嗯嗯，我听话，"豆豆拿勺子挖了一口蒸蛋送进嘴里，却没想到蛋还没凉，舌头被烫得生疼，哇的一声就哭了出来，"疼死了！疼死了！"

豆豆的老毛病又犯了：高兴了怎么都好说，有点儿小事就闹人。妈妈一阵心烦，叉着腰立在豆豆跟前，大声说："刚刚不是还说会听话吗？现在哭什么？不准哭，听话的孩子都不哭。"

"不要，不要……"可豆豆早忘了之前说过的话，越哭越伤心，最后竟然坐在地上打起滚来，妈妈气得真想揍他一顿。

打骂并不能解决孩子遇事不冷静的问题，说教同样也不能解决。那该怎么办呢？父母在这个时候应先安慰孩子，让孩子的情绪逐渐平静下来，再让孩子尝试以成人的眼光看待问题；鼓励孩子说出自己的观点和意见，让孩子产生"我长大一些了"的自豪感，逐渐变得不再急躁。

那么，父母应如何让孩子能遇事冷静理智，不再慌乱失态呢？

赵铁柱是一名十岁的男生，最近他有些苦恼，经常面带愁容，一副没精打采的样子。

"儿子，你最近怎么了？很没精神啊。"爸爸也注意到了儿子的异样，周末的时候就抽出点儿时间，来到儿子房间，想和他谈谈心。

赵铁柱回答没什么事，爸爸便笑呵呵地坐到了他旁边，说道："没事咱们就谈谈心，爸爸很久没和你谈心了，有很多烦心事啊。"

"爸爸也有烦心事？"

"咦？你刚刚不是说没事吗？"

"我……"

"不相信爸爸吗？来和爸爸讲讲，好吗？"爸爸笑道。

赵铁柱这才支支吾吾地说道："我最近，总是控制不住自己的情绪，好像很经受不住打击，稍微有点儿挫折就开始乱发脾气。"

"这样啊，那你要学着让自己冷静一点儿了，首先你要做到，遇事不惊。"

"遇事不惊？"

"对，不管遇到什么事情，先试着让自己平静下来，如果感觉控制不住自己的脾气，试着深呼吸几次看看，只要能让自己的情绪逐渐冷静下来，你的理智就会回来，这时候，就不那么容易生气发脾气了。"

"好像有些道理，"赵铁柱托腮想了想，郑重地点了点头，说道，"爸爸，谢谢你，下次再不开心的时候，我一定会试试您说的这个方法的。"

"嗯，再有什么疑问随时可以来找爸爸谈谈，好吗？"

"嗯。一定！"

看着儿子的脸上重新挂上了笑容，爸爸也就不再担心了，剩下的，就看儿子自己的了。

故事中，当赵铁柱遇到难题时，爸爸通过婉转的方法引导孩子吐露了心声，然后教给孩子一个很实用的方法：深呼吸，通过呼吸改善生理应激反应，让激动的情绪逐渐平稳下来。当然，还有不少方法也都能起到相同的效果，比如，先走开一会儿，脱离当时的环境，也有助于让自己冷静下来；心里默念"冷静冷静，我能冷静下来"，这种心理暗示方法效果也不错。

父母应在孩子学会平复情绪后，教他学会第二步——找出面前难题的解答方法，鼓励他解决掉这个难题。这样做不但能提高孩子的自信心，激励他们迎难而上，还有助于让他们以后遇事更加冷静沉着。不同的问题有不同的解决方法，在刚开始时，父母可以和孩子一起去攻克难题，并及时总结经验，然后逐渐放手让孩子大胆尝试。同时，父母还应注意平时不要太溺爱孩子，过于骄纵的孩子会更容易情绪化、喜怒无常、依赖父母。

# 鼓励孩子汲取他人的经验和教训

大多数孩子之所以会犯错误，是因为他们并不懂得如何汲取他人身上的经验和教训，而父母也从不把这些方法教给孩子，所以才让孩子一遇到困难就退缩，不知道如何是好。

林郁中是单亲家庭的孩子，性格比较内向，不笨，但也不很聪明，刻薄点儿说他属于那种"扔在人堆里就找不着"的孩子。老师注意到他也是因为他的名字叫得还有点儿个性，可是时间长了，这个成绩一般、不爱惹事的林郁中就不知不觉被老师忽略了。

林郁中平时做作业，妈妈总是坐在一旁看着。妈妈发现，林郁中虽然每天都能完成老师布置的作业，但是成绩从来就没有过大的波动，总是不上不下的。难道说自己儿子写作业只是为了应付差事，并不注重质量？

妈妈有点儿惭愧，她自己只是初中毕业，上学的时候成绩就不好，所以从来不敢给儿子辅导功课。尤其是孩子进入了高年级以后,她更是将希望寄托在老师身上。想到儿子的成绩,不善交际的妈妈拨通了老师的电话,询问了林郁中的状况。

老师告诉林郁中妈妈,这个孩子不善于沟通,有了问题从来不请教老师和同学,犯了错误也不会汲取教训,更不会从同学身上学习他们的学习经验和教训,所以成绩才一直上不去。

"如果他能够及时和大家沟通的话,应该会有进步的。"老师说。

妈妈又问老师:"我应该怎么在家里配合老师,帮助孩子提高成绩呢?"

老师笑着说:"其实也不是很难,你们应该多鼓励他汲取身边人的经验和教训;即使他成绩不好,也要多安慰他,不要太在意孩子的成绩,对他造成压力。总之,多和孩子沟通交流就行。"

林郁中的情况带有一定的普遍性,在很多性格较内向的孩子身上都存在。这是因为这类性格的孩子本身就不擅长交际,向人请教有点儿"磨不开脸面",所以就有了问题自己扛着,扛不了了就扔一边,自然就会出现成绩平平的局面,严重的甚至会导致孩子的成绩渐渐下降,让孩子更不愿意请教,以致陷入恶性循环的怪圈里。

因此,面对这种情况,让孩子尽快走出困境,应成为每位父母优先考虑的问题。专家建议,父母可从以下两个角度入手,让孩子从交流中学习,在学习中提高成绩,以增强信心、爱上交流,形成良性循环。

首先,多安慰孩子,帮助他卸下心理负担。孩子成绩不好,或者遇到困难时，本身就会产生心理压力，这时父母不宜过多批评他，而是应该帮他卸下心理负担，然后告诉孩子"向人请教不是件丢人的事情，你的诚恳请教会得到同学老师的真心帮助的"。鼓励孩子主动向他人请教问题，汲取他人身上的经验和教训，借助前人的智慧来解决自己面对的难题。父母可以告诉孩子，当遇到难题时，可以先向父母请教，如果父母也不明白，就坦然带着孩子一起去请教老师，给孩子做出表率。父母要让孩子知道，"三人行，必有我师"，鼓励孩子多和朋友交谈，哪怕是同龄人，只要懂得多，就可以成为孩子的老师。

  方曼曼和吴小巧是一对好朋友。两个小姑娘是邻居，从小就一块儿长大，好得跟一个人似的。两个人在同一个班级，每天放学都一起做作业，遇到不会做的难题就停下来一起讨论，实在都不会了就问父母。在这种学习方式下，两个小姑娘不但学习成绩好，性格也都大方开朗，招人喜欢。

  后来，她们所在的班级开展"一帮一"活动，让方曼曼和吴小巧分别帮助两个成绩稍差的同学。一开始两个人有点儿不高兴，但还是答应了老师的要求。后来两个人还比赛，看谁先带领自己的队友取得进步呢。

  双方的父母高兴地说："孩子之间经常交流，让做父母的非常省心。让两个同龄的孩子经常在一起，对她们的学习成绩和性格养成都有很大的帮助！"

方曼曼和吴小巧就是两个善于从交流中学习的孩子,更为难得的是,她们还能积极帮助同学上进。其实,孩子的成绩好与不好都是相对的,在学校里,既有成绩比孩子好的同学,也有成绩比孩子差的同学。

父母可以引导孩子,让他积极主动帮助比自己学习成绩差的同学,鼓励孩子向比自己聪明好学的人看齐,这样一来,孩子既能体会到帮助别人的快乐,还能从别人的错误中汲取经验教训,以免自己犯同样的错误,更能从比自己成绩好的同学那里学到更多的学习经验,有助于提高自己的成绩。

# 第四章
## 优秀父母表扬和赞赏孩子有诀窍

好孩子是夸出来的,无论何时,父母都不要吝啬自己的夸奖。要善于发现孩子的优点,多夸奖、多表扬,这样才能让孩子更加努力,积极向上,也更愿意和父母讨论自己的事情。父母不要否定孩子的成就,哪怕只是一丁点儿的进步,父母也要给予肯定和支持,让孩子做出更多的努力,和父母进行心与心的"直线"交流。

第四章 优秀父母表扬和赞赏孩子有诀窍

## 成就再小,父母也不应否定

当孩子想要在父母面前表现一番,做出点儿小成就时,父母往往因为孩子做的事情过于渺小而选择忽略或者无视它。这让孩子的自尊心大受打击,会认为父母不尊重自己,因此而失去与父母之间的信任感,不愿意再多与父母交谈。

潘洋放学回家后,看到了奇怪的一幕:妈妈正拿着扫帚不停地在冰箱和墙壁的缝隙里扫来扫去。他好奇地走了过去,问妈妈:"妈妈,你在打扫房间吗?"

"是呀,妈妈在打扫卫生,你快回屋写作业吧,等爸爸回来咱们就能吃饭了。"妈妈没看他,依旧执着地在缝隙里扫动着。扫了一会儿,妈妈突然蹲下身子伸出手往缝隙里够,像是要拿什么东西。

潘洋回屋放下书包,打开作业本,突然觉得口渴,就出去倒水喝,刚出门,就看见妈妈已经趴在地上,用力想要从缝隙里拿东西的模样。

"妈妈，你是不是要够什么东西？我来帮你吧。"他走过去问。

妈妈却摆摆手，擦了下额上的汗，喘着气说："不用，妈妈自己能够到，你作业写完了？"

"我想喝水。"

"哦，妈妈给你拿杯子去。"妈妈站了起来，走到厨房去拿水杯。趁这个机会，潘洋来到冰箱前面，往缝隙里看，原来是菜铲掉了进去。

他伸出小手，慢慢往缝隙里伸去，因为手小所以很顺利便伸了进去。潘洋脸上绽开一个大大的笑容，慢慢蹲下身子想要把菜铲拣出来，给妈妈一个惊喜。

可就在他马上要碰到菜铲的时候，妈妈从厨房里走了出来，看到他后，大声喊道："儿子你在做什么？知不知道很危险的？快起来，回屋写作业去，不准再出来了！"

"我能……"

"能什么能，让你回去就回去！"妈妈明显是发怒了。

"明明我的手能伸进去把菜铲够出来的，我也是好意想帮妈妈，凭什么骂我……"潘洋这样想着，委屈地低下了头，但他还是顺从地回屋写作业去了。

类似的事情很多家庭都会发生，这是因为在父母的心里，孩子还小，什么都不会做，或者孩子只会给自己帮倒忙，所以，父母干脆拒绝了事。就像故事中所讲一样，明明孩子可以轻易取出铲子，妈妈却不领情，还对孩子发了脾气，让孩子的好心落了空。父母的这种做法不仅扑灭了孩子做事的热情之火，还忽略了孩子完成一件事后的成就感。在协助父母完成一件事的过程中孩子往往都是快乐的，长期如此还有利于孩子形成独立、自强的品质，让孩子爱上和父母共同做事。

所以，当生活中孩子说"爸爸（妈妈）我来帮你吧"时，父母不要不假思索地拒绝孩子的好意，要试着给孩子一个努力的机会。有些时候父母遇到的一些难题，或许通过孩子的努力，就能快速地解决掉呢。因此，父母应该偶尔打破一下常规，不要过于低估孩子的能力，多多鼓励孩子参与到父母的事情中。孩子在这个过程中不仅会产生成就感，还会渐渐培养出助人为乐的品德。

平时，父母也应主动给孩子制造一些小难题，让孩子去解答，并给予一定的赞赏和表扬。

一直以来，女儿小音的教育工作都是妈妈在做，从识数认字开始，小音妈妈一直关注着女儿的成长细节。

而且，一直以来，小音妈妈都有个习惯，在教女儿新知识之前，都会为难一下女儿，看看她私下里有没有自觉地学习新的知识。

这一天，小音妈妈从朋友家借来了一本小学三年级的语文课本，找了篇较难的文章，让女儿来读。

小音看到那篇文章后，就撅起了嘴："妈妈欺负人，这篇好几个字我都没学过。"

"怎么会是欺负人呢？我是觉得你肯定能读下来，才让你读的。

我这么看重你的能力,难道你要小瞧自己吗?"妈妈故意激她。

果然,小音一脸得意地说道:"我当然全认得。好,那我就读出来,省得妈妈瞧不起人。"说完后,就认真地朗读了起来,虽然有几个字的发音确实不太准确,但妈妈还是感觉十分欣慰,不由得夸奖道:"我女儿真棒!"

"我能干吧?"

"嗯,十分能干!妈妈真高兴!"

在日常生活中,并不是总有机会让孩子显露"身手",此时,父母制造机会让孩子"露一手"也不错。尤其是当孩子做到了父母做不到的事情后,成就感就会油然而生,他们会想"连爸爸妈妈都做不到的事情我都能做,还有什么我做不到呢"。在这种态度影响下,孩子的自信心会大大提升。

当然,为避免孩子盲目自信,父母在为难孩子的时候,最好做到对孩子有一定的约束,让他明白不是所有的事情他都能做到,比如,换灯泡、用燃气烧开水等危险行为,最好不要未经指导就轻易让孩子接触。

# 不要忽略每一个鼓励孩子的机会

父母都有望子成龙之心,但是大都苦于找不到合适的教育方法来管教孩子、帮助孩子成才。其实,如果把握好了,父母只需要说一句鼓励的话就能够成就孩子的一生。

父母可能意识不到,自己无意间的一句话会给孩子的一生带来巨大的影响,如果父母在管教孩子时说一句"其实你很棒",那么孩子就会受到很大的鼓励,并尊重父母的引导,慢慢努力,最终取得进步,甚至还会做出很大的成绩。反之,如果父母在孩子考试失利或者犯了错误时说"你真是糟糕透了",那么孩子就会受到很大的打击,也许还会一蹶不振,自暴自弃,很多天才就是这样被毁掉的。因此,要想好好管教孩子,让孩子成为父母心中的"龙"、"凤",父母就要好好利用鼓励的作用。

王盼盼的成绩一直不太理想,虽然不是后进生,但每次考试成绩都属于中下游。在学校里,老师并不是很重视她,很少对她进行指点和引导;在家里,父母工作都很忙,不太关心她的学习,所以并没有

因此而责备她。虽然没有受到任何人的批评,但王盼盼很痛苦,每天都过得不开心。

这天她又垂头丧气地回到家里,简单地和爸爸妈妈打了招呼后便躲在房间里不出来。

"这孩子,怎么一回来就钻进房间里?"妈妈不高兴地说。

"可能是遇到什么不顺心的事了,你去看一看。"爸爸冷静地说。

"好吧,"妈妈听了觉得有道理,便去敲了敲女儿房间的门,"我能进来吗?"

"可以。"王盼盼回答的声音很小。

妈妈推门进去,看见女儿的眼睛红红的,关心地问:"怎么啦?有什么不开心的事,能和我说说吗?"

"妈妈,我们的考试成绩又下来了,我还是没有进步。我已经上初二了,这个时期很重要,万一基础没有打好,就没希望考上重点高中了。"王盼盼伤心地说。

"孩子,其实你不比任何人差,只要方法对了,再加上自己的努力,总会取得进步的。"妈妈听了笑着对她说。

"真的吗?"王盼盼很少听到妈妈的鼓励和夸奖,她有点儿不敢相信。

"当然是真的,别太难过了,好好想想提高成绩的办法,可以问老师,也可以找爸爸妈妈帮忙。"妈妈微笑着说道。

"嗯。"王盼盼笑着点点头。

得到妈妈的鼓励后,王盼盼冷静地想了想自己的不足之处,又认真分析了优等生们的学习方法,经过一段时间的努力后,她果然取得了明显的进步。

"孩子,你真棒!"爸爸妈妈看着她的成绩单高兴地说。

"其实都是妈妈的功劳。"王盼盼高兴地说。

"怎么是我的功劳呢?"妈妈笑着说。

"您的一句鼓励让我认识到,原来自己也是可以成为优等生的。"王盼盼笑道。

故事中的王盼盼之所以能够取得进步,最关键的是得到了妈妈的鼓励,而妈妈的鼓励也只是一句简单的"其实你不比任何人差"。可见,父母不经意的一句鼓励是能够起到很大作用的,它有一种特殊的力量,能够推动孩子不断地努力、取得进步。

卡耐基是美国的"现代教育之父",也被赞为"20世纪最伟大的成功大师"。很多人认为,他小时候应该是一个很听话的孩子,所以才能够取得这么大的成就,但事实恰好相反,小时候的他很淘气,经常给父母找麻烦。

"嘿,小子,你又做了什么?"一次,卡耐基在和伙伴们玩耍时把家里的钟表摔坏了,父亲非常生气。

"不过只是一个钟表而已,没什么大不了的。"面对怒目圆瞪的父亲,卡耐基不以为然地说。

"你真是镇子上最可恶的孩子,上帝,我怎么会有你这样的孩子?"父亲大声骂道。

这时,母亲走过来说:"别这么说,我们的儿子很好,比很多男孩都好,说不定还会成为镇子上最有成就的人呢!"其实母亲只是随意说的,她只是不想再听到丈夫责骂卡耐基,便打断了他的话。

卡耐基听了这话心里不禁震了一下,他从来都不知道,原来母亲对自己的期望这么高。为了不辜负母亲,他很快改掉了自己的坏毛病,变得越来越像一个好孩子。长大之后,他果然成为镇子上很有名气的人。

有的父母也经常鼓励自己的孩子,希望有哪一句话能够真的成就孩子的一生。其实,这句鼓励的话大多时候是不需要特意去思考的,也不必刻意去把握正确的说话时机,父母只需要记住,在孩子心情沮丧或者遇到挫折时,尽量不要再对他进行言语上的打击,应该适当地给予鼓励,让孩子正确认识自己,找到解决问题的方法。

第四章　优秀父母表扬和赞赏孩子有诀窍

# 父母的表扬要真诚

我们经常可以听到父母这样抱怨:"我经常表扬我的孩子,可是他为什么不买账呢?"

其实,几乎每个孩子都希望听到父母的表扬,如果孩子对父母的表扬表现出厌烦或者毫无反应,那么就证明,父母的表扬态度可能出现了问题。有的父母在工作比较忙碌或者情绪不好时,经常敷衍孩子。本来孩子取得了很大的进步,需要父母对其大大地赞扬一番,但是父母却头也不抬地说一句"你真不错",这样不但不能起到鼓励孩子的作用,还会打击孩子的积极性。

父母在表扬孩子时,要用心,不管多忙都要停下来看着他的眼睛,对他诚恳地说一句:"我真为你感到骄傲。"看到你真诚的态度后,孩子便能体会到你的爱,从而感谢你的赞赏。得到了孩子的肯定,你的表扬才会起到作用。

"妈妈,快看,我得了第一名!"放学后,冯力力高兴地举着自

己的考卷，兴奋地冲到妈妈的房间。

"力力，妈妈正在工作，说话小点儿声。"妈妈边工作边说。

"好吧，妈妈。我的物理成绩是第一名，而且是全校第一名！"冯力力手舞足蹈地说。

"是吗？你真棒。"妈妈头也不抬地说，继续做自己的事情。

"谢谢妈妈……"看见妈妈的反应后，冯力力的好情绪顿时不见了，然后垂头丧气地回到了自己的房间。

晚上吃饭时，妈妈发现冯力力的表情很严肃，便问了一句：

"有什么不开心的事情吗，孩子？"

"有。"冯力力简单地说。

"什么，能告诉妈妈吗？"妈妈关心地问。

"我已经告诉过您了。"冯力力一边吃饭一边说，也不抬头看妈妈。

"哦？你什么时候告诉我了？"妈妈想了半天也没有想起来。

"再说一遍给我们听吧，力力，爸爸还不知道呢！"爸爸笑着说。

"好吧，我再说一遍，我的物理成绩是全校第一名。"冯力力淡淡地说。

"天啊，这是多好的一件事，亲爱的孩子，你怎么能说是不开心的事呢？"爸爸高兴地说。

"因为妈妈并不认为这是一件好事。"冯力力看了妈妈一眼，不高兴地说。

妈妈这才想起来，刚才因为工作太忙，所以没有认真听儿子说话，而且还敷衍地夸奖了儿子一句。"力力，对不起，妈妈向你道歉。不过，你真的很棒，妈妈以你为荣。"这一次妈妈真诚地看着冯力力的眼睛，非常高兴地说。

"谢谢妈妈。"冯力力终于笑了起来。

其实，孩子们是很单纯的，他们的要求并不高，只希望得到父母真诚的认可，但很多父母在表扬孩子时并没有注意到这一点。他们经常一边做自己的事情一边夸奖孩子，连一个直视的目光都不舍得给孩子，这样的夸奖不但不能激励孩子进步，还会让孩子觉得，自己的进步似乎毫无意义。故事中的冯力力本来兴冲冲地拿着自己的考卷向妈妈报喜，结果得到的却是妈妈的敷衍，为此，他的情绪受到了很大的影响。在表扬孩子时，父母要注意自己的态度，不要让孩子觉得你是在敷衍他，否则你的表扬就失去了本身的意义。

赵小傅的妈妈平时经常批评赵小傅，母女俩关系一直不太好。一次家长会，老师告诉赵小傅妈妈，要重视表扬的作用，这样能够让孩子进步得更快。于是，赵小傅妈妈便开始表扬起赵小傅来。

一天，赵小傅在做家务，刚拿起笤帚没多久，妈妈便高兴地说："乖女儿，你真棒，加油！"

赵小傅觉得很奇怪，说："妈妈，您怎么啦，怎么怪怪的？"

妈妈听了也觉得有点儿不好意思，不知道自己为什么要说这句话。

赵小傅看了妈妈一眼,继续扫地了,而妈妈也只好讪讪地去厨房做饭。

想要让孩子觉得你的表扬是发自肺腑的,那么,你对孩子的表扬就要尽量具体一些,要让孩子明白你在说什么,否则孩子就会摸不着头脑,自然觉得你的表扬不够真诚。

表扬孩子时还要注意充满热情,尤其是对小学生。小学生年龄较小,思想单纯,父母热情的夸赞会让他们觉得"我得到了父母的认可",从而积极性大增,学习也更加努力。除了给他们一些口头上的表扬外,父母还可以使用一些肢体语言,比如竖起大拇指、拥抱一下、亲亲额头等,这样更能体现父母的热情。

对于上中学的孩子,父母的表扬就要更加发自肺腑了,因为这一年龄段的孩子心智逐渐成熟,能够辨别出父母表情的真假,如果你是刻意伪装的,那么他们不但不会感激你的表扬,还会对你的伪装表示反感。夸奖青春期的孩子时,要注意眼神和表情,让他们感觉到你的亲切和真诚,这样才能够对他们起到鼓励的作用。

在表扬孩子时,父母还要注意自己的语气,尽量高兴、欣喜一些,无论孩子的性格是活泼还是文静,父母开心的语气都会感染他们,让他们感受到父母的真诚。

## 父母的表扬应多样化

在日常生活中,大多数人都喜欢新鲜事物,因为新鲜、刺激的事物更能吸引人的注意力,调动起人的积极性。包括话语也是一样,我们大都不喜欢听别人说同样的话,即便要表达同一个意思,我们也希望对方能够换个说法,这样听起来才不会腻烦。

有些父母在表扬孩子的时候,经常说"你真不错"、"继续努力"等,而且无论孩子取得什么样的进步,父母总是用这两句来夸奖他们。起初孩子还比较重视父母的这几句表扬,但时间一长,这几句话就变得索然无味了。父母表扬孩子,为的是激起孩子的热情,鼓励孩子进步,如果孩子对父母的表扬感到厌倦,那么表扬的作用就会减弱,有时甚至还会起到反作用。

升入中学以后,杨安生的成绩就在不断地上升,父母都很高兴。但是,杨安生的父亲不擅长表扬孩子,每次鼓励杨安生时都只说:"嗯,不错,继续努力。"

杨安生第一次考了80分时，爸爸拿着他的试卷，高兴地说："嗯，不错，继续努力。"杨安生听了也高兴地说："好，我会努力的。"

第二次，爸爸还是说："嗯，不错，继续努力。"杨安生依然笑着回答："我下次一定比这次考得好。"

接连几次，爸爸的话还是一样的："嗯，不错，继续努力。"渐渐地，杨安生觉得腻烦了，他越来越不喜欢爸爸这句口头禅。

一次，考试成绩发下来了，他故意不拿给爸爸妈妈看。一天，妈妈打扫房间时发现了他的英语试卷，打开一看，居然是99的高分，心想，这孩子，考了好成绩怎么还藏着掖着的？

杨安生下午放学后，妈妈走进他的房间，问道："儿子，为什么把考试卷藏起来啊？"

杨安生看了看妈妈，皱着眉说："我不想听爸爸说'嗯，不错，继续努力'，都好几年了，他总是这两句，我听烦了。"

"儿子，爸爸是真心替你高兴的，他只是不知道怎么表达而已。"妈妈笑着说。

"我知道，只是我不想听那句话。"杨安生摇摇头。

"好了，儿子，咱们把成绩告诉你爸爸，让他高兴高兴，管他说什么呢。"妈妈笑道。

"他一定会说'嗯，不错，继续努力'，算了，我再听一遍就是了。"杨安生无奈地笑道。

爸爸回来了，妈妈把试卷拿给他看，笑着说："咱们儿子越来越有出息了，你看。"

爸爸一看，高兴地说："嗯，不错，继续努力！"

母子俩听了都哈哈大笑起来，爸爸抓了抓头皮，纳闷道：

"你们在笑什么？"

妈妈笑道："没什么，没什么。"

杨安生也笑着附和道："没什么，没什么。"

故事中的爸爸本来是真的替儿子的进步感到高兴，但是，他那句像口头禅一样的表扬让儿子很是反感，为此，儿子甚至产生了向爸爸隐瞒成绩的想法。因此，父母如果想要让自己的表扬更有效果，就要想办法改变自己一成不变的表扬词，以免让孩子觉得腻烦，使表扬减小功效。

当孩子取得进步时，父母要及时对孩子进行表扬，而且表扬的话语尽量不能重复，否则孩子就会对你的表扬失去兴趣。如果你一时想不出什么新鲜的表扬词，可以换个角度来鼓励孩子，比如给孩子提一点儿要求，为孩子的进步找一个方向等。比如对孩子说，"这次表现很好，下次要是再认真一点儿就更好了"，"你的努力是有目共睹的，再重视一下技巧会更好"，这样就能够避免重复说类似的表扬词，孩子也会对你变化的话语感兴趣，从而听从你的管教。

其实，除了说表扬词外，父母也可以采用其他的方式表扬孩子。

"哟，儿子，你的英语成绩这么好啊！"妈妈看到儿子小哲的英语试卷后，高兴地说。

"嗯，我本来就喜欢英语。"小哲笑道。

"那你的口语呢，水平如何？"妈妈问道。

"一般般吧，平时没时间练习，不过我一直想提高一下自己。"小哲笑着回答。

"嗯，我的儿子真优秀。"妈妈抱着儿子又夸又亲的，爸爸在一旁看报纸，一句话都没有说。

下午，爸爸下班回家，从包里拿出两张学习英语口语的光碟，递给小哲说："喜欢英语就好好练习，爸爸相信你。"

小哲看了很感动，他没有想到，平时只会说"不错、不错"的爸爸居然会用这种方式来表扬自己、鼓励自己。他接过光碟，高兴地说："嗯，我一定好好练习，谢谢爸爸！"

故事中的爸爸不善言辞，更不懂得如何变换语言来表扬自己的儿子，但是他换了一个方式来鼓励儿子，不但表达了自己对儿子的赞扬和期望，也给儿子指了一条很明晰的路，让儿子不断地进步。生活中，父母不妨学一学故事中爸爸的做法，换个方式、角度来表扬自己的孩子。比如，孩子喜欢数学，那就买两本参考书给孩子，鼓励孩子继续用功学习，钻研下去。

## 当众表扬，让孩子更上进

在教育孩子时，越来越多的父母开始重视起表扬的作用了。但是怎么表扬才更有教育意义呢？

除了要注意表扬的力度、方式、态度等之外，还要注意表扬的场合。事实证明，在别人面前表扬孩子的效果更明显。当父母对别人说"我的孩子很勤快、很优秀"等话语时，孩子会产生巨大的成就感，自信心也会大增，于是，他们学习和做事的积极性就会增强，从而取得更大的进步。

反之，如果父母在家里夸奖孩子，在别人面前却批评孩子的话，会严重地伤害孩子的自尊心和自信心，使他们认为自己也许真的像父母说的那样，"没礼貌"、"笨"、"不上进"等，时间久了就会形成自卑的性格，对其成长有很大的影响。因此，在别人面前要多表扬孩子，不但能够增强孩子的自信心，也能够增进亲子关系，让父母的管教更有意义。

妈妈一大早就把袁晓霞叫起来:"快点儿起床,陪妈妈去买菜!"

袁晓霞懒懒地说:"好吧,又让我当免费搬运工。"

路上,她们碰到了小石头妈妈,两位母亲高兴地打了招呼:"这么早啊,小石头妈妈。""哪有你早啊,我刚刚到市场的。"

小石头妈妈看见袁晓霞,笑道:"你们家袁晓霞真勤快,还和你一起买菜呢!"

妈妈看了袁晓霞一眼,说:"她呀,懒死了!要不是我死拉硬拽,现在还躺在床上做梦呢。"

袁晓霞听了有点儿不自在,连忙低下头看菜篮子,假装没有听她们的对话,但是妈妈尖刻的话语还是钻进了她的耳朵。

"不但懒,还不上进,你不知道,我和她爸爸为她的成绩发愁,头发都白了好几根。可是她呢,一点儿都不在意,真是让人头疼。"妈妈抱怨道。

"看你说的,袁晓霞的成绩不是挺好的吗?比我们家小石头强多了。"小石头妈妈笑着说。

"哎呀,她要是有你们家小石头一半懂事就好了。"妈妈叹气道。

"还走不走了,有什么可聊的!"袁晓霞听不下去了,催促妈妈道。

"看看你,说两句还不耐烦了,有本事就表现好点儿,让我无话可说啊。"妈妈不依不饶地说。

## 第四章 优秀父母表扬和赞赏孩子有诀窍

"你不走我走!"袁晓霞说着提起菜篮子就走。

"你着什么急啊,菜还没有买完呢!"妈妈在后面大声嚷道。

"不买了,回家!"袁晓霞头也不回地走了。

回到家后,妈妈开始准备午饭,"闺女,快来帮妈妈做饭,我一个人忙不过来。"

"我这么懒,又不上进,哪能帮您做饭啊?您还是自己来吧。"袁晓霞一边看电视一边说,完全不把妈妈的话当回事。

父母批评孩子是很正常的事情,但不能不顾场合。如果故事中的妈妈是在私底下批评袁晓霞,那么袁晓霞还有可能接受,但妈妈却选择在别人面前公开数落袁晓霞,袁晓霞的自尊心受到了伤害,不但不承认自己的错误,反而和妈妈唱反调,变得越来越叛逆。童话作家郑渊洁说过:"欣赏、鼓励和赞美要在众人面前进行,而批评则是两个人之间的事,并且要和风细雨。"不过在生活中,很多父母都习惯在私下表扬孩子,在别人面前批评孩子,以为这样是谦虚的表现,其实,这种做法会严重伤害孩子的自尊心,很不利于父母对其进行管教。

表扬孩子是为了激励孩子进步,当着别人的面对孩子进行表扬更能起到激励的作用。当你在别人面前赞扬你的孩子时,首先,孩子会认为,你很认可他,然后对你产生感激和尊敬之情,对增进亲子关系很有帮助。其次,你的表扬让对方认识到,你的孩子是很优秀的,他们不但会羡慕你,也会跟着你一起夸赞孩子。此时,孩子就会觉得很有面子,自信心大增,荣誉感、成就感增强,从而变得更加积极上进。

赵雪妈妈在小区院子里散步，碰到了邻居张阿姨，便和她交谈起来。

"我们家赵雪啊，一点儿都不爱干净，经常把自己的房间搞得乱七八糟的，而且还要我来收拾，真是头疼。"赵雪妈妈抱怨道。

"我们家燕华倒是挺爱干净的，房间都是自己收拾，我很放心。"张阿姨笑着说。

听了张阿姨的话，赵雪妈妈更是恼火，又开始数落赵雪的各种缺点。

燕华和赵雪刚好是同班同学，第二天上学的时候，燕华说："赵雪，听说你把自己的房间弄得很脏啊。"

"什么？谁告诉你的？"赵雪听了又羞又恼。

"我妈妈说的，大概是你妈妈告诉她的。"燕华说。

赵雪听了很生气，替自己解围说："我妈妈是小题大做，没有的事，我的房间很干净的。"虽然自己一直解释，但同学们还是为此嘲笑了她很长时间。

虽然赵雪不在场，但妈妈的批评也给她带来了很不好的影响，同学们都认为她是一个不爱干净的女孩，为此赵雪很是尴尬。因此，无论孩子在不在场，只要是当着别人的面，父母都要尽量表扬孩子。有的父母认为："孩子又不在场，就算说他几句也没大碍的。"其实不然，虽然孩子不在场，但你的批评会让孩子给周围的人留下不好的印象，生活在这样的环境中，孩子肯定会受到影响。如果你的批评传到了孩子的耳中，他不但会羞愧，也会对你产生厌恶的感觉，于是便更加不听你的管教。反之，如果孩子从别人的口中听到了你的夸奖，他就会开心地接受，并且争取取得更大的进步，这样比听你当面夸奖更有教育意义。

## 父母应学会发现孩子的闪光点

父母都很爱自己的孩子，但并不是每位父母都懂得欣赏自己的孩子。有的父母经常抱怨，"我的孩子又笨又懒"、"我的孩子简直一无是处"等，其实，所有的孩子都有自己的闪光点，只是父母缺少发现的意识，没有注意到而已。例如，有的孩子表面看起来调皮捣蛋，但实际上做事却很细心；有的孩子成绩不好，但在艺术方面却很有天赋等。在日常生活中，父母在管教孩子之余，也应该认真观察孩子的各种表现，从中找出孩子的闪光点，并将其放大，这样能够有效地帮助孩子提升自我、成就自我。

其实，当父母看到孩子的闪光点时，是很开心的，在帮助孩子进步的过程中，孩子也会很高兴，这样一来，也能够拉近亲子之间的距离。因此，父母要努力发现孩子的闪光点。

"小鸢,你怎么又把帽子扔在沙发上,我说过多少次了,帽子要挂在衣服架子上,你的耳朵是长来做什么的?"妈妈生气地大声说。

"我不过是忘了而已,您干吗那么生气啊?"小鸢也没好气地大声嚷嚷道。

"还学会顶嘴了,真是,越长大越没用了。记性又差,成绩也不好,文艺也不行,你到底能做些什么呀?真是一无是处!"妈妈大声责骂道。

"我怎么一无是处了,就算是傻子还有优点呢,我到底是不是你亲生的?"小鸢听了很伤心,大声哭了起来。

"怎么搞的,发生什么大事了?"爸爸听到吵闹声,赶紧从房间里走出来,看见母女俩一个面红耳赤,一个正在哭鼻子。

"爸爸,我不过是把帽子放在了沙发上而已,妈妈就骂我!"小鸢哭着跑到爸爸身边说。

"哦,这样啊。帽子要放在衣服架上,下回记住就是了,别哭了。"爸爸摸摸她的头,安慰道。

"不是的,妈妈说我一无是处,我有那么差劲吗?"小鸢依然哭得很伤心。

"老婆,这就是你的不对了,我们的女儿很可爱的,你怎么能说她一无是处呢?"爸爸不高兴地说。

"可爱,她哪里可爱啊?简直是可恶,一点儿都不听话。"妈妈的火气还是很大。

"看你说的,女儿很勤快,前两天的晚饭还是她做的呢,这么快就忘了?"爸爸提醒妈妈说。

妈妈想了想,平时女儿经常做家务,的确挺勤快的,心里也后悔刚才说了那样的话,便咳嗽了一声,说道:"好了,该干吗干吗去,下次记得把帽子放在衣服架上。"

小鸢这才擦干了眼泪,回自己的房间去了。

故事中的妈妈没有看到女儿的闪光点,女儿犯了一点儿小错误,她就觉得女儿一无是处。虽然这种做法很不可取,但生活中这样的父母却不在少数。我们都说"孩子是自己的好",但有的父母就是看不到自己的孩子到底好在哪里,经常抱怨孩子这不对、那不好,最后既伤害了孩子,又破坏了亲子关系。因此,父母要注意观察孩子,慢慢发现孩子的闪光点,帮助孩子快乐成长。

要想发现孩子的闪光点,父母首先就要有发现的意识,要认为自己的孩子是有闪光点的,这样才能帮助孩子进步。其次就是要从生活中找出孩子的闪光点,这需要掌握一定的技巧。

有的孩子很优秀,他的闪光点是显而易见的,比如口齿伶俐、思维活跃、肢体协调能力强等。对于这样的闪光点,父母只需要帮助孩子不断地将之放大即可。比如给孩子报一些特长班,帮孩子请专业老师进行培训,鼓励孩子不断提升自我等。

有的孩子不算十分优秀,闪光点也不太明显,这就需要父母多多关注孩子,帮助孩子找到他的闪光点。

赵磊是个很内向的男孩，成绩一般，身体素质一般，平时基本上不说话，看起来很没有青春的朝气。

"这孩子，我怎么找不到他有什么优点呢？"妈妈发愁地说。不过，妈妈并没有放弃，她一直坚信，自己的孩子是优秀的。一天，妈妈收拾赵磊的房间，无意中看到赵磊画的一幅画，拿起来一看，原来他画的是阳台上放的那盆滴水观音，"哎呀，画得真好，活灵活现的！"

下午，妈妈对赵磊说："儿子，你画画的水平挺高的。"

"是吗？"赵磊流露出怀疑的神色。

"对啊，看你画的那幅滴水观音，多漂亮啊！"妈妈笑道。

"我只是随便画的。"赵磊微笑道，他并没有想到自己的画画水平会得到妈妈的夸奖，心里也美滋滋的。

"妈妈给你报个特长班吧，你可以好好发挥一下，怎么样？"

"好啊！"赵磊高兴地说。

经过一段时间的学习后，赵磊的画技越来越高，在省书画比赛中，他还取得了第二名的好成绩。

赵磊原本看起来是一个没有闪光点的孩子，但细心的妈妈发现他很擅长画画，于是便培养他画画的特长，果然有很好的效果。因此，无论多么平庸的孩子，都有自己的闪光点，父母要细心观察，帮助他们找出这个闪光点，并将其放大，促进孩子成长。

想要找出孩子的闪光点，父母也可以换个角度，从孩子的错误中发现优点。比如孩子的总成绩排名较靠后，但数学成绩很好，那么父母可以因此夸奖孩子，并指导孩子继续加强对这门学科的学习，继而慢慢扩展到其他学科，帮助孩子提高整体成绩。有的孩子很顽皮，经常搞些小破坏，让父母很头疼，但是，他们的运动细胞较发达，有望成为优秀的运动员。这样的例子还有很多，总之，父母要注意观察孩子的闪光点，并多赞美和鼓励孩子，帮助孩子将闪光点放大。

## 孩子进步，奖励应有度

在管教孩子时，很多父母会采用多奖励少惩罚的战略，但是，有的父母并没有掌握好奖励孩子的度，不但不能很好地管教孩子，反而误导了孩子。奖励孩子的程度要根据具体情况进行调整，既不能奖励过度，也不能忽视孩子点滴的进步。

当孩子取得的进步较小时，父母不宜大张旗鼓地奖励孩子，这样会让孩子认为，只要取得一点儿小小的进步就能够得到一份昂贵的奖品，于是便渐渐不思进取。当孩子取得较大的进步时，父母应该给予孩子较隆重的表扬，这样不但是对孩子进步的肯定，也能够激励孩子取得更好的成绩。

因此，父母对孩子给予奖励的程度要取决于孩子取得成绩的大小，这样才更有助于好好管教孩子，帮助孩子进步。

王晓雨家今天又举行了一个派对，目的是庆祝她考试成绩在班级里进步了五名。很多同学和邻居的伙伴都被邀请过来唱歌、跳舞、吃零食，气氛很热烈，就像庆祝传统节日一样。

"老婆，这次是不是有点儿夸张了，不过是进步了五名而已，至于这么大张旗鼓的吗？"看着闹腾腾的客厅，爸爸不高兴地说。

"唉，我有什么办法？她非要举行的，闹了好几天，我也是没办法。"妈妈皱着眉头说。

"都怪你，看你把她惯的。上次不过是被选进了作文比赛，你就非要给她举办派对庆祝，现在她已经学会向你索要奖励了，动不动就举办派对，花销大不说，还把家里弄得乱糟糟的。"爸爸抱怨道。

"我也不知道事情会发展成这样的。算了，以后不答应她就是了。"妈妈无奈地说。

"不答应？你做得到吗？"爸爸摇摇头，进自己的房间了。

这件事刚过去没多久，妈妈又开始犯愁了，因为王晓雨缠着她要出国旅游，理由是自己在校园歌舞比赛中获得了优秀奖。

"出国多麻烦啊，我和爸爸都没有时间啊！"妈妈劝她说。

"出国又不是什么难事，我们去一个月就回来，不耽误时间的。"王晓雨不依不饶地说。

"你这个孩子，怎么想起一出是一出啊？妈妈不答应。"妈妈生气地说。

"妈妈真小气！以前我有一点儿进步您都会奖励我，现在我得了奖，您怎么却无动于衷呢？"王晓雨生气地嚷嚷道。

"不过是个优秀奖，参加的同学大部分都得到了，你的要求也太苛刻了。不然我们去云南旅游吧。"妈妈商量道。

王晓雨刚要说话，爸爸突然大声说："云南也不去！有了一点儿小成绩就吵着要出国，邻居的小云考了全校第一，人家从来都不向父母索要什么。取得的成绩是你自己的，又不是我们的，我们凭什么要满足你的所有意愿？"

"不！我就要去！我就要……"听了爸爸的话后，王晓雨没有一点儿悔改的意思，依然缠着父母要出国，闹得爸爸妈妈头都疼了。

在王晓雨取得一点儿小成绩的时候，为了奖励她，妈妈就大张旗鼓地举办派对，而且经常过分奖励王晓雨的一些小进步，结果导致王晓雨变得骄傲、任性，动不动就向父母索要奖励。由此可知，父母奖励孩子要尽量适度，不要因为孩子取得了一点儿进步就对她大肆奖励，这样不但不会激励孩子进步，反而会让孩子轻易满足，而且对父母的要求也越来越高。因此，在管教孩子时，父母要特别注意奖励的力度。成绩小就小奖励，成绩大则大奖励，但也要根据具体情况而定。

对于经常犯错误或者成绩较差的孩子来说，他们不经常取得进步，如果偶尔做出了一点儿小成绩，父母应该给予他们较大的奖励，这样才能让孩子更加积极主动地取得进步。当孩子的水平有了一定的提高后，对他们的奖励力度也要有所调整。

"哟,小小考试及格了,61分呢!"妈妈拿着小小的试卷,兴奋地说。

"可是,我还是倒数第一。"小小垂头丧气地说。

"没关系,慢慢来,这是你第一次及格,妈妈要好好奖励你。

那天晚上,晚饭准备好了,妈妈叫道:"小小,吃饭了!"

小小从房间里跑出来,看见一桌子的好菜,他高兴地大声问:"妈妈,今天过节吗?"

"对,庆祝你考试及格。"妈妈笑着说。

小小听了很高兴,赶紧坐下来狼吞虎咽。有了这次奖励后,小小对学习的渴望越来越强烈,最后成绩便逐渐提高了,再也不是班里的倒数第一。

有的孩子属于中等水平,平时小进步不断,但大的成就很少有。面对这样的孩子,当他们取得小进步时,父母要给予中等的奖励,以此来激励他们继续努力向前。当他们取得较大的进步时,父母奖励的力度就要加强,因为他们取得大进步的频率较低,高度的奖励能够刺激他们不断地突破自我,取得更为惊人的成绩。

对于优秀的孩子,他们经常取得进步,这时候,父母的奖励就要起引导的作用了。当他们取得小进步时,父母不要忽略,否则会打击孩子的积极性,可以适当地给他们一点儿小奖励,比如精神奖励,说一句"你做得很好"或者"表现不错"等话,总之要让他们感觉到父母的欣赏。当他们取得较大的成绩时,父母的奖励力度也要适当加强。如此一来他们就能感觉到父母的重视,从而自己也会重视自己,以后还能取得不小的进步。把握好奖励的力度,父母就能够很好地管教自己的孩子。

# 第五章
# 父母批评孩子也要有技巧

孩子犯错是不可避免的,但犯错后如何批评孩子却成了父母十分头疼的难题。批评重了,孩子反感,父母也难受;批评轻了又没有效果,孩子下次还是照样会犯。这该如何是好呢?

其实,批评孩子,也是要讲究技巧的。只要父母掌握了这些技巧,批评就不再是难事,而孩子也会乖乖地接受父母的批评,改正自己的错误。

第五章　父母批评孩子也要有技巧

# 不要在孩子的朋友面前批评他

很多时候，当父母看到孩子的朋友到家里来玩时，孩子刚夸了自己两句，父母便忍不住插嘴进来把孩子平时的缺点全说一遍，让孩子感觉很没有面子。可能父母不知道，孩子是很敏感的，也很爱面子，他们很在乎自己在朋友心中的形象。或许父母觉得太爱面子对孩子并不好，殊不知，孩子爱面子意味着孩子已经逐渐产生了自我意识和自尊心，这对孩子以后的健康成长是非常重要的。因此，父母应注意，在孩子的朋友面前要给孩子留些面子，不要以为孩子还小，就可以随便批评他。父母应避免无形之中伤害孩子的自尊心，导致孩子与父母之间产生隔阂。

周末，小双请了几个朋友到家中来玩。小芳环顾了一下小双的房间，赞叹道："小双，看不出来你平时马马虎虎的，房间整理得倒是很有条理嘛！"

"就是啊，书还是归类放的。"小兰也附和道。

"你一定花了不少工夫吧？"

"那当然，我很小的时候就开始学着整理房间了，这对我来说小意思啦。"小双得意地说。

这时，从门口经过的妈妈听到了小双的话，说："小孩子不要说谎，这是你整理的吗？整天衣服就知道乱扔，被子也不叠，这是我花了两个小时才给你弄成这样的。"

小双顿时脸红了，生气地说："我哪里说谎了？这就是我自己整理的！"

不久，班里的人都知道了"小双不收拾房间"，搞得小双总觉得有人在背后议论她。

妈妈说那些话可能是无心的，但是却给小双的自尊心造成了不少伤害。妈妈一定没想到，当众揭孩子的短，会让孩子在同学面前抬不起头来，更有甚者，还会让孩子产生自卑心理。

而且，在外人面前说道孩子的不是，会让孩子对父母产生反感，遇到困难也不愿和父母说，生怕父母会再次拿他的不足说事，从而疏远和父母之间的关系。那么，怎么才能既不会让孩子没面子，又能收到好的教育效果呢？

首先，父母应平等地对待孩子。平等地对待孩子的意思就是：你平时是怎样对待朋友的，就怎样对待孩子。父母不妨想一想，倘若有人当众说你的缺点，你一定会觉得不好受。如果站在孩子立场去尊重他，这对孩子形成一种自尊自爱的品格是非常有益的。孩子拥有了这样的品格，就会尊重他人，也容易得到他人的尊重。

其次,父母不要当着孩子的朋友斥责孩子。倘若孩子犯了错,父母应在没有外人在场的情况下,对孩子进行教育;即使在孩子的某些言语或举动伤到父母的面子时,父母也不应当众批评孩子,可以先用商量的口吻制止孩子,等到和孩子单独在一起的时候再跟孩子讲道理。千万不要打骂孩子,最好通过比较温和的方式,让孩子认识到自己的错误。

小刚和小凤是好朋友,也是同班同学。放学后,两个孩子经常边聊天边等着父母来接他们回家。

这天,小凤的妈妈来得比较早,看到孩子与同学聊得那么开心,不忍心打扰,于是就站在学校的门后,想等孩子聊完了再出现。

"小凤,你今天交给美术老师的画,画得真好看,老师说你很有天赋呢!"小刚羡慕地说。

"我花了一晚上画了那幅画呢,当然画得比较好了。"小凤骄傲地说。

小凤昨晚并没有画画啊,妈妈心里感到疑惑。

"同学都说你画上的小兔子跟真的一样呢,我要是也有你这么好的天赋就好了,你真是个天才!"小刚一脸崇拜。

小兔子,那不是前两天小凤的堂哥来玩时,看到家里养的兔子,觉得很可爱,忍不住画的吗?小凤居然拿他堂哥的画当作自己的交给了老师。妈妈感到很生气,想去制止,但一想事已至此,揭穿孩子并没有好处,只好等回家再说了。

回家后,妈妈微笑着对小凤说:"小凤,前两天你堂哥画的那幅小兔子的画妈妈很喜欢，想把它挂到客厅里，可今天找不到了，你能帮妈妈找找吗？"

小风不好意思地低下头，说："我把它当成我的画交作业了。"

"那这样做对不对呢？"

"妈妈，我知道错了，我以后不会这样了。"小风在心里暗下决心，以后再也不交"假作业"了。

妈妈在听到小风拿堂哥的画代替交作业时，心里也生气，但是理智地没有当众揭穿，既没有伤到孩子的自尊，也没有损害到孩子的形象。并且妈妈在事后采取措施让小风意识到自己的错误，而小风也知道错了，决心再也不犯同样的错误了。事实上，孩子都能做到知错就改，但是在这之前父母要正确地引导孩子。

再次，父母不要当众说孩子的糗事。有些父母在谈论孩子的时候，会把孩子以前闹过的笑话说出来。发生在孩子身上的糗事，在父母看来是笑话，可在孩子心里却是关于脸面的事情。因此，父母在聊天的时候，不要把孩子的私事作为说笑的内容，以免伤了孩子。

小明上五年级了，由于性格开朗，很多同学都爱和他玩。一天小明和同学打完篮球回家，在楼下正好遇到小明的妈妈在和邻居聊天。

"我家的小云都六岁了，还整天要人看着，大人一走远了就哭鼻子。"隔壁张阿姨说。

"孩子长大了就好了，我家小明上一年级的时候，我还天天跟着呢，现在不也没事吗？"小明的妈妈当着小明和他同学的面说道。

"你上一年级的时候，还要大人陪着呢？"同学听了，不禁打趣道。

"妈，你胡说什么呢！"小明生气了，说完气冲冲地走开了。

妈妈也许觉得说说小明小时候的事情没什么，但是在小明看来，那样会让同学瞧不起的。自己的糗事被公布出来，孩子会感到颜面扫地。

最后，父母不要当众问孩子的成绩。成绩好的孩子或许感觉不到什么，但是成绩一般或是比较差的孩子，就会觉得自己不如别人，尤其是朋友中有成绩较好的同学，更会让孩子觉得自己差人一截。这种对比会让孩子感到无地自容，还会导致孩子以后自信心不足。

## "谁谁家的孩子"最让孩子讨厌

很多时候，父母喜欢拿孩子和其他孩子做比较，有时候是和同龄的优秀孩子做比较，有时候就会虚构一个"谁谁家的孩子……"来和自己的孩子做比较，让孩子无形中感觉到压力，甚至逐渐产生叛逆心理，当父母再提到"谁谁家的孩子"时，就会顶撞父母，让亲子关系恶化。

如果父母拿来做比较的是孩子认识并且关系很好的朋友时，这种叛逆心理会更明显，没准还会让昔日的好友反目成仇，大打出手，严重影响了孩子的人际交往。

小胖和赵钱是一对好朋友，从小他们就在一起玩，从没吵过架，感情比亲兄弟还要深厚。但是最近，小胖有些抵触和赵钱在一起玩，只要一看见赵钱扭头就跑，能躲多远是多远。

这是为什么呢？

原来，小胖人如其名，长得有点儿胖，性格比较憨厚，让人觉得有点儿笨笨的。而赵钱不仅长得帅气，人也很聪明，不管什么难题，只要他稍微动动脑子，就能解决掉。

一对好朋友却有着巨大的反差，这让小胖的妈妈感觉心理很不平衡，经常对小胖说："儿子，就算你身材上比不过赵钱，你脑子放聪明点儿行不行？整天笨得都快赶上猪了，你说你长这么大有什么用？"

对于妈妈的责骂，小胖听一次没什么感觉，听两次也没有反感，但三次、四次之后，就没办法不在意了。在和赵钱玩的时候，他总是偷偷观察赵钱，还会模仿他的一言一行，却仍换不来妈妈一丁点儿的赞赏和鼓励。

这让小胖越来越觉得不开心，感觉有苦说不出来，再见到赵钱时，也会十分的别扭，只好用逃避来对抗这一切。

## 第五章 父母批评孩子也要有技巧

每个人都有自己的优点和缺点，孩子也是一样。虽然父母希望自己的孩子是最优秀的，但也不能因为这个原因就经常拿自己的孩子和别人的孩子做比较。而且，在比较的过程中，父母往往拿自己孩子的缺点去和别人孩子的优点相比，父母的这种把其他孩子的优点过度美化的行为，本意是想激励自己的孩子向别人看齐，事实上却给孩子带来了巨大的伤害。久而久之，孩子也会忽略掉自己的优点，只看到自己的缺点，觉得自己处处不如人，就变得破罐子破摔起来。

父母不能只凭孩子的某些方面不如别人，就否定孩子或认为孩子没有出息，而是应善于发现他的长处，找到他与众不同的地方。每个孩子都有自己的闪光点，父母要相信自己的孩子是优秀的，多给孩子一些赞美，让孩子在父母的鼓励中继续发扬自己的优点和长处。

而且，每一个孩子的智力水平、兴趣爱好和心理素质等方面都有所不同，盲目地拿孩子和别人比较是不科学的。长期如此，会抹杀孩子的天性，试想，哪个父母希望自己的孩子是别人的复制品呢？所以，父母不可总是拿孩子和别人比较，以免挫伤孩子的自尊心，让孩子失去生活的自信。相反，父母要在孩子受到挫折和打击的时候，多鼓励孩子，让孩子重拾自信，开心地生活。

王蓝放学后没有像往常一些兴高采烈地跟爸爸妈妈讲学校里的趣事，而是垂头丧气地回到了自己的房间。

"在学校发生什么事了？怎么这么不高兴啊？"妈妈走进房间轻声问王蓝。

"妈妈,今天老师批评我了,说我调皮,没有明明听话。"王蓝委屈地说。

"老师为什么批评你呢?"妈妈继续问。

"上课老师提了一个问题,我知道,可是老师半天也不叫我回答,我就自己站起来回答了。"王蓝说。

"宝贝,你勇于回答问题是对的,老师批评你不是因为你勇于回答问题,而是因为你没有取得老师同意就自己回答了,老师觉得你这样没有尊重他,并不代表他不喜欢你。"妈妈开导着王蓝。

"真的?那妈妈你说我是没有明明好吗?"王蓝问。

"明明有明明的优点,你也有你的优点,比如说你勇敢、乐于助人、爱思考,你当然不是不如他!"妈妈肯定地说。

王蓝听了高兴地笑了。

故事中的王蓝因为老师拿自己和别的孩子比较,而产生了对自己的怀疑,妈妈面对王蓝的错误没有指责他,而是帮他分析了老师批评他的原因,同时还表扬了他的一些优点,妈妈的做法帮王蓝找回了笑容。

日常生活中,父母拿孩子跟别的孩子来比较的现象是常见的,这种做法严重地伤害了孩子的自信心。因此,父母不应该一味拿孩子的短处去和别人的长处比较,而是应善于发现孩子的优点,同时委婉地指出孩子的不足,父母的鼓励可以帮孩子及时完善自己,并继续发扬自己的优点。

另外,父母还要善于发掘孩子独特的长处,不能盲目地让孩子去学习。很多时候,父母看到其他孩子在学习画画也为孩子报画画班;看到别人的孩子钢琴弹得好，就强迫孩子去学钢琴；看到别的孩子数学比自己孩子好，就请家教给孩子补习数学……父母希望别的孩子会的东西自己的孩子同样会，所以往往不征求孩子的意见，就擅自为孩子报了种种补习班、兴趣班，这种做法会使孩子感到不受尊重，同时还给原本学业沉重的孩子带来了更多的负担。

父母应及时改变这种不当的教育方式，在给孩子报兴趣班或补习班之前，要结合孩子的兴趣帮孩子选择，不要强迫孩子去做不喜欢的事情。只有找到适合自己孩子的发展道路，按照孩子的天性去培养他，孩子才有可能收获成功，同时经常和父母分享他们的想法。

## 孩子犯错后不要一味地批评

孩子犯错是很正常的事情，就算是父母也是从一个个错误中长大成人的。所以，父母不能过于强求孩子，想让孩子完全不犯错，那是不可能的事情，就算是圣人也不可能有这样的能力。

既然是人就会犯错，那么，当孩子犯错后父母应该如何面对，就成了摆在父母面前的一道难题。是睁一只眼闭一只眼，还是严厉地批评教育呢？大部分父母选择了后者，一看到孩子犯错，就会不停地批评他，直到

把话说到孩子  心里去

把他训得抬不起头来为止。

但过多的批评只会让孩子渐渐变得麻木,该犯错还是会犯,而且孩子会觉得:反正父母只知道训我,那就让他们训个够。

田小九是个聪明机灵的小男孩,学习成绩也很不错,亲朋好友们遇到田小九的爸爸妈妈,总是要夸他几句,爸爸妈妈听了也很高兴。正因如此,爸爸妈妈也很少过问田小九是否写完作业,总觉得田小九能自觉地做好作业再玩。

去年田小九刚上三年级的时候,他的成绩有所下降。爸爸妈妈以为刚上三年级,功课都难了,田小九一时半会儿跟不上是正常的,他们不想给他太多压力,于是就没多说什么,只是鼓励他继续努力。一个周一的上午,老师打电话给田小九爸爸,问他孩子的作业是不是放家里了。爸爸告诉老师:"田小九好些天都没在家做作业了,他都说自己在学校写完了才回家的,我正想问问您,田小九最近的作业做得怎么样,我都没看到过。"

可老师也说:"我也好一阵没看到过田小九写的作业了,他总说落家里没带过来,要么就说不小心弄湿了本子,下次补好作业再给我,但我的确有半个多月没见田小九给我交作业了,所以我打电话来问问您。"

这样一说,爸爸和老师都明白了,田小九根本就没写作业,他在撒谎。当天晚上,爸爸就把田小九叫到书房,问:"孩子,知道你最近犯了什么错吗?今天老师打电话给我,说你把作业落在家里了,是

第五章 父母批评孩子也要有技巧

不是这样呢?"

田小九明白爸爸的意思了,他知道爸爸说的是他好多天没写作业的事,于是吱吱呜呜地说:"我……我没……"

"田小九,你是个聪明又懂事的孩子,应该知道什么是对的什么是错的,你要说实话,爸爸不会责罚你。任何人都会犯错,爸爸也犯过大大小小无数个错误。只要你勇于承认错误,有错即改就是好孩子,谁都愿意原谅这样的好孩子,爸爸小时候也是在不断犯错和不断改错中长大的。"

"爸爸,我错了,我这些天都没有写作业,我骗你在学校做了,又跟老师说作业落家里忘带了。爸爸你别生气,我以后再也不这样了,我肯定认真学习,不再撒谎了。"田小九怯怯地说。

爸爸看到了孩子的惊慌,他认为不能过分责骂甚至打孩子,那样会使孩子产生恐惧感,不敢面对父母,以后再犯了错也不敢承认。于是,爸爸用温和的语气问:"田小九真的知道自己错了吗?是真心改错的吗?"

田小九用力点点头,爸爸继续说:"那好,既然知错就改,那爸爸就给你一次机会,以后一定不能再犯这种错误,否则爸爸就会对你不客气的,知道吗?田小九是男子汉,就该承担起男子汉的责任,从小约束好自己的言行举止,有错及时改正,长大才会有出息。如果你再犯类似的错误,你的同学们都知道了会嘲笑你,会说你爱撒谎,他们就不会信任你,不愿和你一起玩,一起讨论问题,你说对吗?"

"嗯,我知道了,我一定会抓住机会,改正错误,不然就没人跟

我玩、没人愿意理我了,我会很孤单的。"

在爸爸的耐心教导下,田小九果然及时改错,之后再也没有逃避写作业,也很少撒谎。有时田小九觉得自己做错了事,他会主动向爸爸汇报,请爸爸原谅,并及时改错。在学校的班会上,田小九还带头现身说法,告诉所有同学自己是如何有错即改的,并劝说其他同学要勇于认错并及时改错,老师和同学们都夸他有勇气,是个小男子汉。

上面的故事中,田小九半个多月没写作业,还骗爸爸说在学校写了,又骗老师说放在家里忘带了,他这样做的确是错误的。爸爸知道此事后质问田小九,田小九起初不敢承认。后来,爸爸没有责骂田小九,而是耐心告诉田小九"有错即改才是好孩子"的道理,让田小九明白只要自己诚心改过,就能得到大家的原谅,不会受人嘲笑。果然,在爸爸的耐心教导下,田小九勇于认错并及时改错,还用此事劝说周围同学有错即改。

既然任何人都避免不了出错,那就应该让孩子学会勇于改错,用实际行动取得别人的谅解,也为自己争取成功的机会,挽回自己的声誉。现实生活中,父母应教孩子犯了错后立即悔改,努力朝好的方向发展,争取得到人们的原谅和包容,得到一个进步的机会,而不是一味地斥责,让孩子对父母的训骂感到反感。孩子的心理发育还不够成熟,有时很难认识到自己的错误,也不知道如何改错、如何避免再次犯错。因此,父母作为孩子日常生活中最亲近、最信赖的人,应积极引导孩子认识自己的错误,督促他及时改错,让孩子在日常生活中不断自我反省、自我修正,从错误中不断发现自己的不足,不断总结经验教训。

父母应以正确的态度面对孩子的错误，在对待犯错的孩子时，要更有包容之心。一个孩子在成长过程中，难免要犯大大小小的各种错误，也要受到不同程度的批评教育。很多父母经常会抱怨孩子犯了错不认账，还撒谎隐瞒，甚至有些脾气倔强的孩子挨了打都不认错。而孩子越不认错，父母就越生气，父子或母子俩开始较劲，最后弄得整个家庭气氛紧张，谁的心里都不舒服。事实上，人非圣贤，孰能无过？而知错能改，善莫大焉。父母应以一颗包容的心来对待孩子的错误，不能过分严厉，甚至打骂孩子，这样会让孩子产生恐惧感和心理阴影，很可能导致孩子今后不敢承认自己的错误甚至不敢与父母交流。

## 教育孩子，父母不能"以暴制暴"

在孩子犯错的时候，有的父母念在孩子初犯，还是会晓之以理，动之以情，耐心地教导孩子。然而，很多父母抱怨，孩子不长记性，有些错误一犯再犯，屡教不改，气得父母不得不大发雷霆，责骂孩子，有时候甚至还得动用点儿武力才奏效。这种粗暴的教育方式是否真的奏效呢？其实，面对孩子的屡教不改，打骂不一定能让孩子知道自己的错误，还可能会伤害孩子，影响亲子之间的沟通和交流。

今天，李明涛的班主任又把李明涛妈妈叫到学校去了，说他又跟同学打架了，还好被老师及时制止了，没发生更严重的事情。

又遇上这种事情，妈妈一方面觉得孩子太不成器了，一方面觉得很丢面子，于是就气不打一处来，朝李明涛劈头盖脸一顿骂："你书都读到哪里去了啊？整天就知道打架，你说说啊，都多少次了？"

李明涛站着不说话，跟没听见似的。

"我的话你听见没有啊？"

"听见了。"李明涛咬着牙挤出三个字。

"你糊弄谁呢？听见了还这副心不在焉的样子！你是不是觉得打架很威风啊？你再敢打架试试看，我也让你尝尝拳头的滋味！"妈妈吓唬李明涛道。

李明涛又不吱声了，继续听着妈妈教训："你说哪家孩子像你，整天给大人找事的？妈妈脸都被你丢尽了！"

"那你干吗生下我啊？一点儿都不在乎我！"李明涛也一副不服气的样子，气冲冲地跑了。

妈妈一个人愣在那里，又是气愤又是委屈，不知道该如何教育孩子了。

父母应该明白，教育孩子的目的是为了帮助孩子改正错误，绝不能以暴制暴。

"我的话你听见没有啊"、"再不听话，我就打死你"之类的责骂、恐吓和威胁的话语，只会刺激孩子最敏感的自尊心，使孩子产生逆反心理，让教育效果大打折扣，甚至失去说服力。故事中的李明涛妈妈即是如此，面对屡次犯错的儿子，妈妈痛心疾首，痛骂了儿子，儿子却不为所动，结果两人不欢而散。

孩子的逆反心理强，面对父母狂风暴雨般的责骂，有的孩子为了维护自尊心，哪怕犯错了也会死扛到底，就像李明涛一样；而胆小点儿的孩子慑于父母的威严，为了免受皮肉之苦，会乖乖地屈服，其实他可能什么都没听进去，甚至左耳听了右耳出，孩子之所以承认错误，只是想顺着父母的意思，早点结束训斥。所以，对于屡次犯错的孩子来说，以暴制暴并非一剂有效的药。

其实，孩子在犯错之后，心中也充满了不安，他并不知道怎么改正，父母切不可不分青红皂白大发雷霆、甚至打骂孩子，将孩子的悔改之意扼杀在萌芽状态。教育孩子应该当以理服人。父母应该平心静气地和孩子讲道理，要通过说理、剖析的方式使他们明白犯错误的原因，和孩子讲清楚如果持续犯错将有怎样的后果。父母在此时可以以宽容的心态，从侧面诚恳地提醒、点拨他，只有拥有了教育孩子的智慧，才能真正达到教育孩子的目的。

孩子自制力差，有些错误一犯再犯是很平常的事情，如果单纯说理不奏效，父母不妨给孩子制定一个奖惩规则，让孩子知道犯错后将受到什么惩罚、不犯错将受到什么奖励。这样，孩子畏于受罚，平日就会有所注意，从而降低犯错误的概率。如果孩子表现得好，父母就应该郑重其事地奖励孩子，让孩子真正体会到受奖的喜悦；若是孩子犯了同样的错误，父母就应该视情节的严重性给予必要的惩罚，让孩子牢记教训，知道自己错之所在，并积极改正。如孩子有乱扔东西的习惯，父母在惩罚时就应该让其自己动手整理东西，这样才能培养孩子知错就改的品行。

另外，父母还可以采取冷处理的方式。孩子犯了错，很多父母都是以直接批评教育为主，其实冷处理的效果也不错。孩子自尊心强，有时犯了错，口头上并不情愿承认，但是他心里是明白的。这时候，父母不妨尝试不再逮着错误深究下去，而是给孩子一个台阶下，彼此心照不宣即可。只要孩子今后在行为上不再犯同样的错误，冷处理也一样可以达到教育目的。

在妈妈眼中，王小青是个不大懂事的孩子，有客人来家里做客时，王小青常常不露面，显得很不礼貌。这天，家里又来客人了。王小青一如既往地待在自己的屋里没出来。

"小青，王阿姨来了，快出来打个招呼吧！"妈妈没有生气，而是故意叫王小青出来。碍于客人的情面，王小青也不好意思不出来。

"来，这是妈妈常跟你提起的王阿姨……她阿姨，小青也常念叨你呢！"妈妈给王小青使了个眼色。

王小青没法了，只得故作微笑状，道："王阿姨，您好！"然后，就没话了。

妈妈也很无奈，但是并没有当面批评她。等王阿姨走后，妈妈把王小青叫到跟前语重心长地说："女儿，妈妈问你，如果你去朋友家做客，朋友只顾忙自己的事情，对你也不热情，你怎么想？"

"那我肯定不开心啦，下回再也不去了。"王小青回答。

"你看你挺明白的嘛！推己及人，有客人到咱家来，你是不是也不应该以冷漠的态度对待呀？"

"嗯，我明白了。妈妈，若是下回我又犯老毛病了，你就提醒提醒我，像今天这样，好吗？"

妈妈释然地点了点头。

在孩子成长的路上，少不了错误和挫折，也只有在一次次的跌倒中他们才会长大。有时候，在同一个地方跌倒两次、三次，痛并不要紧，要紧的是父母如何正确地引导孩子纠正错误，避免以后遭受更多的痛苦。人非圣贤，孰能无过，更何况自制力差的孩子。父母应意识到这一点，在孩子一错再错时，仍能够秉持宽容的心态，给予正确合理的解释和指导，而不是一味地批评甚至暴力相加。

## 让孩子学会自省

孩子犯了错，不是只靠打骂和批评就能解决问题，父母还应让孩子学会自省，让他主动认识到自己的错误，反思自己的不当行为。

把话说到孩子心里去

赵亮一直想要养宠物,他最喜欢毛茸茸的小动物了。最近赵亮的学习成绩有了明显的提高,所以爸爸就答应送赵亮一只小猫作为奖励,并让赵亮承诺,一定要好好照顾这个小伙伴。赵亮高兴地点头答应了下来。

实际上赵亮属于三分钟热度的孩子,当养宠物的好奇劲儿过去之后,他就开始嫌麻烦了。每天都要帮小猫准备食物和水,还要帮忙清理小猫的排泄物,赵亮觉得太辛苦,但已经答应了爸爸妈妈会照顾好小猫,如果他现在再说不想要小猫了,爸爸妈妈肯定会训斥他的。

不想被爸爸妈妈训斥,又觉得照顾小猫很痛苦,因此,慢慢地,赵亮开始疏远小猫,并把积攒的怒火发泄在小猫身上。

这一天,当妈妈正在厨房做饭的时候听见一声小猫的惨叫,她忙跑出去看发生了什么事情,却看见赵亮正在用脚踢小猫,小猫蜷成一团可怜地叫着,仿佛在求赵亮住手,可赵亮却没有停下的意思,相反还不解气地又踢了它两下。

妈妈赶忙制止了赵亮:"赵亮,你怎么能这样对待小伙伴呢?小猫会受伤的。你不是答应了爸爸妈妈,会好好照顾它吗?"

可是面对妈妈的训斥,赵亮就像没听见一样。

妈妈见他这个样子心里来气,抬手就要打赵亮。幸好爸爸这个时候走了过来,拦住了妈妈。

"赵亮,如果躺在地上的是你,爸爸用力地踢你,你会怎么样?"爸爸问他。

"我会疼,会哭,会讨厌爸爸。"赵亮不假思索地说。

"是啊,你挨踢会疼,会受伤,会哭,会讨厌爸爸,那你用脚踢小猫呢?小猫就不会疼,不会受伤了吗?"爸爸开导赵亮。

赵亮不作声了。思索了片刻,赵亮对爸爸说:"我错了,我不该这样,我以后再也不会欺负小猫了。以后我一定会好好照顾它,就像爸爸妈妈照顾我一样。"

爸爸欣慰地揉了揉他的头。

上面这个故事中,面对赵亮的错误,妈妈打骂的方法并不会奏效,而爸爸循循善诱的方法就能让赵亮发现自己的错误,并做到自我反省,有着良好的教育效果。日常生活中,父母也应向赵亮的爸爸学习,不要只靠批评来教育孩子,而应让孩子主动发现自己的错误,学会反思和自我反省。

自我反省是人们不断进步的前提条件,对于成年人来说,具备良好的自我反省能力,主要体现在能及时发现自己的错误并改正过来。而对于孩子而言,他们还不具备很好的自我认知,自我反省能力还很差,因此父母要采取适当的手段,从小培养孩子的自我反省能力。比如,父母在对待孩子的错误上不要一味地说教。父母要善于引导孩子自省,这不仅顾及了孩子的自尊,还能减少父母和孩子间的隔阂。

当孩子做错了事情时,父母不要为孩子承担后果,要让孩子自己体会自己制造的"恶果",在责任和压力下,学会反思。

周末的时候,邻居家的阿姨带李慕去公园玩,回来的时候还买回了两条红色的小金鱼，李慕十分喜欢，高兴地看着金鱼在鱼缸里游来游去。

可是没两天，当邻居再来李慕家做客的时候，却发现鱼缸里的小金鱼已经不是原来那两条了，这是怎么回事呢？

李慕妈听到邻居的问话后，叹着气说："哎，别提了，李慕就喜欢玩鱼，把鱼从鱼缸里捞出来，看着它们在鱼缸外蹦蹦跳跳的，觉得十分有趣。结果，全死了。没办法，我又给他买了几条，让他玩。"

"啊！你们怎么不训训他？他这样不对。"邻居摇头说道。

"小孩子爱玩而已，没必要训他，以后由我看着点儿他，不让他再把鱼捞出来玩就是了。"李慕妈却不以为然地回答道。

孩子做错了事，有些父母因为疼爱孩子，不仅不指出孩子的错误，还主动替孩子去承担犯错的后果，这会让孩子觉得就算是做错了也没关系，渐渐地，孩子就缺乏责任心和自我反省意识。所以，父母要让孩子自己承担犯错的后果，让他们通过这个过程学会自我反省，不再犯类似的错误。例如上述故事中，李慕妈应该制止孩子的行为，下次如果李慕还是把小鱼弄死了，就不再给他买，同时把空鱼缸还摆在那里，让李慕知道他把小鱼弄死了就要承担再也没有小鱼陪伴的后果。

当孩子犯了错的时候，父母不要立刻指责，可以尝试用循循善诱的方式引发孩子的内疚感，进而让孩子做到自我反省并承认错误。孩子对事情的对错还没有很好的认知，作为父母，在孩子犯错的时候引导孩子对自己的错误感到内疚和羞愧，或是委婉地为孩子指出错误，都是培养孩子自我反省能力的好方法。

## 父母各有分工，轻松应对犯错孩子

如今，越来越多的父母经常抱怨现在的孩子太难管，太难教。孩子犯错了不认罚，难管；罚得轻了没效果，罚得重了反效果，难教。如何教育孩子，让孩子心甘情愿地承担自己的错误，成了父母的心头难题。

不知道父母们有没有留意过京剧中的"红脸"和"白脸"，其实，在批评孩子的问题上，父母也可以学会扮演"红脸"和"白脸"，让孩子在面对来自父母批评教育的同时，也获得一定的鼓励和支持，愿意主动承担并改正自己的错误。

赵先生的儿子已经快读初中了，虽然学习没什么压力，但赵先生还是希望儿子能多看点儿书，学些新知识，但儿子在学习的时候经常不用心，明明会的题还做错，赵先生批评他，他就生气地把书给撕了。

家里人平时都太宠儿子，对他的做法也只能连连叹气。慢慢地，儿子变本加厉，让他看书都不去看了，只知道坐在客厅看电视。

这一天，儿子又因为不愿意学习而把书给扔进了垃圾筐，赵先生实在很生气，就问他："你知不知道错了？"

"我没错，我就是不想看书。"儿子死不认错。

赵先生觉得不能再这样下去了，如果继续这样宠儿子，儿子只会变成家里的"小皇帝"，不会听从任何管教的。

于是，赵先生和妻子商量后，决定以后对儿子进行严厉的管教，不管儿子怎么哭，怎么闹，他们就是不心软，如果一点儿错不认，赵先生还会动用"家法"，好好"修理"儿子一顿。

但一段时间之后，赵先生发现，这样也不行。儿子明显越来越害怕他们，别说让儿子认错了，现在儿子连话都不愿和他们说了。

虽说现在家庭中大多都是独生子女，但父母也不能对孩子百依百顺，这样只会害了他，让孩子变成家中的"小皇帝"，不时犯错，犯错后也不主动认错，更不会接受来自父母的批评和教育。但是父母也不想因为家教过严，而让孩子对父母产生畏惧心理，导致孩子因为害怕，而不敢也不想听父母的话。

这可怎么办呢？其实，父母可以在孩子犯错时一个扮"白脸"，一个扮"红脸"，恩威并施，慢慢教育孩子。扮"白脸"者的主要任务是安慰和鼓励孩子，大多是母亲来承担这个角色；而父亲则扮"红脸"，指出孩子不对的地方，并合理地惩罚孩子，做一个严父。

儿子闹情绪，晚上吵着要吃零食，但他今天已经吃过了，爸爸就拒绝了他的要求，但儿子却不听，一定要吃。

爸爸说："不准吃就是不准吃，否则这星期你都别想吃零食了。"

儿子见爸爸这么不"通情达理"，就生气地跑到冰箱前面，打开冰箱门，用力把里面的东西全翻了出来。

"把东西收好放进去！"爸爸瞪着儿子命令道。

"我要吃零食！"儿子不依不饶地说。

爸爸就不让，儿子就不捡东西，眼见着冰箱里的东西渐渐全化了，但父子俩谁也没有让步。

这时候，妈妈回来了，听了事情的来龙去脉，也态度强硬地对儿子说："既然爸爸说了不能吃，那就不能吃，没有什么可商量的，回屋写作业去。"

但儿子觉得特别委屈，哭着跑回了房间，还说爸爸妈妈都不爱他了。

爸爸听了说要揍他，但妈妈却拦住了他，对他说："我觉得，咱们这样确实不是办法，万一儿子真的伤心了怎么办？"

"那也不能惯着他啊。"

"我觉得，咱们以后可以这么办……"妈妈把自己的想法告诉了爸爸，爸爸也觉得很不错，高兴地说："咱们一个扮'红脸'，一个扮'白脸'，我来批评，你来哄，这个方法真不错。"

从那以后，当儿子再无理取闹的时候，爸爸就会站出来批评他，而妈妈则适时地安慰儿子"受伤"的心，并耐心地指出他的错误，让他认识到自己的错误，积极改正。

　　一段时间后，爸爸妈妈发现，通过这样的方法，儿子真的改变了很多，不仅不再无理取闹，当犯了错后，还会主动承认自己的错误，向父母道歉。爸爸妈妈别提多高兴了。

　　值得注意的是，在孩子的教育问题上，父母虽然可以秉持不同的态度，但总体的意见要保持一致。比如，孩子想先看电视再写作业，爸爸不同意，妈妈却私下里同意了，这就让孩子有空子可钻，当再遇到类似的事情时，就会不听爸爸的，直接央求妈妈答应他的要求。

　　所以，当孩子犯错后，父母一定要旗帜鲜明，保持一致的意见，密切配合，父亲对孩子的错误行为给予批评教育，母亲则用比较温和的态度指出孩子错在了哪里，缓和父亲严厉的态度给孩子造成的恐惧心理。这样一来，孩子既能感受到父母的威严，又能感受到家庭的温暖，还能让孩子认识到自己的过错。

　　同时，父母在分别扮演"红脸"和"白脸"的时候，一定要配合好，把握好教育的尺度，不能过度批评，也不能使劲表扬。否则只会起到反效果，甚至让孩子因为太喜欢"白脸"，而开始讨厌"红脸"。

第五章 父母批评孩子也要有技巧

# 尝试把批评的话写在信纸上

现在,电子产品越来越多,沟通方式越来越多元化,很多人已经不再写信和他人交流了,往往是有事时直接打个电话就行了。但如果父母也用这样的方式来与孩子相处,不但不利于加深亲子感情,反而可能会疏远双方的亲情。

其实,写信是一种很好的表达爱的方式,既可以把父母的心里话告诉孩子,也能让孩子了解父母的想法,从而体谅父母。由于采用的是亲笔书写的方式,因此有利于双方在书信中进行较为深入的沟通。

郭友利升入初中后进入了一所寄宿学校,为了方便和郭友利联系,爸爸妈妈专门为他配备了一台手机。

不久之后,爸爸却发现,郭友利一个月手机费花了不少钱,却没有一个电话是打给家里的,这让他觉得儿子离他越来越远,就像断了线的风筝一样,越飞越高,这可怎么办呢?

后来,他在收拾书房的时候,看到了一叠信纸,心里便有了

主意。

他先试着给郭友利写了封信,信中讲了一些家里发生的琐事,并表达了自己对他的关心之情,尽量避免使用一些像是在质问他的词语。

写完后,他又在信的末尾加了几句鼓励性的话,就这样把信寄了出去。

自信寄出去之后,爸爸就忐忑不安,不知道郭友利收到信后会是什么反应,会不会看都不看直接扔掉呢?

几天后,爸爸的手机响了起来,拿起来一看,竟然是郭友利打来的,这让他有些激动,心里想着,可能是儿子收到信了,那他会是来抱怨的吗?

爸爸有些不安地按下了接听键,一接通就听到郭友利说:"爸爸,我想你和妈妈了,周末我就回家。"

这时,爸爸的心才放下来,看来,他使用书信的方式和郭友利沟通是正确的。

这之后没几天,爸爸也收到了郭友利的回信。就这样,每隔一段时间,父子之间就会进行一次"鸿雁传书",虽然彼此没有生活在一处,但他们的感情日益加深,这让妈妈吃了不少的醋,还开玩笑说要剥夺爸爸给郭友利写信的权利,因为她也有很多悄悄话,要写给儿子看呢。

另外,当孩子犯错后,父母如果不知道如何批评教育孩子,也可以选择写信的方式来和孩子沟通，指出他的错误，帮助他改正。有时候孩子犯错后，如果父母当面指责孩子，会让孩子的自尊心受到打击，而使用书信的方式来告诉孩子犯了什么错，应该如何改正，并把自己的心里话讲给孩子听，这样的批评效果就会很好，不仅能让孩子体会到父母的良苦用心，也能让孩子从文字中了解到父母对自己的深厚感情，大大地增进了亲子间的和睦关系。

刚上初中的欧阳力被爸爸堵在了网吧的门口，看着爸爸生气的脸，欧阳力吓得赶紧低下了头。

爸爸问他："你知不知道这里是未成年人禁止进入的？你每天不好好学习，只知道来这些地方玩！"

"我只今天来了一下，什么也没玩，就是觉得好奇……"欧阳力小声解释道。

但爸爸却不听他的解释，如果不是身边的人太多，他都想要揍儿子一顿了。

但是只训儿子一两句，实在难消心头之火，爸爸就叉着腰在网吧门口数落起欧阳力的缺点和毛病来。

"……你七岁了还尿床……天天闯祸……"爸爸越说越生气，连欧阳力小时候的糗事都讲了出来。

网吧离欧阳力的学校不太远，就隔着两条街，偶尔会有一两个同校的学生从旁边走过，自然也听到了欧阳力爸爸的训斥，都捂着嘴偷笑了起来。

欧阳力一抬头，正好看到一名同班同学也在不远处看着他笑，顿时恼羞成怒，推了爸爸一下就跑开了。

爸爸后退了两步，心里更气了，骂着追了他两条街，直到欧阳力的妈妈出现，才算结束了这场"战役"。

回到家后，爸爸还在生气，妈妈了解了事情的原委后，对爸爸说："这件事虽然是儿子有错在先，但你也要负责任。"

"为什么我还要负责任？"

"你为什么当着那么多人的面让儿子下不来台呢？"

"我这不是在管教他嘛。"

"教育孩子，有很多种方法，但你却选择了最错的那一种。"

"那你说，该怎么办？"

"要我说的话……"妈妈想了想，突然笑了起来，"咱们给儿子写信吧？"

"什么？写信？"

"对，写信和儿子谈谈心，在教育他的同时，也向他道个歉。"

于是，在妈妈的催促下，爸爸不得不拿出了纸笔，认真地给儿子写起了信，一开始他觉得没什么好写的，就应该骂他一顿拉倒。但写着写着，爸爸就停不下来了，而且很多内容都不是批评欧阳力的，反倒夸奖起了他。

欧阳力看了爸爸的信后，抹着泪向爸爸认了错，表示以后再也不去网吧了，父子俩因为一封信而和好如初。从那以后，再有什么问题，他们还是坚持以书信的方式来交流，父子俩的关系越来越融洽，俨然是一对好朋友。

日常生活中，父母不能一味地批评和教育孩子，当孩子犯错后，父母还应从孩子的立场上思考问题，这样才能有效地沟通，否则只会让孩子离父母越来越远。有时候，父母是因为心中很生气才会教训孩子的，想让他知道自己什么地方错了。虽然出发点是好的，但这种教育方式的效果未必是最佳的。在这种情况下，父母不如改直接的口头批评教育为私下书信交流。

在写信的过程中，父母的怒火会渐渐平息，心情平静下来后，父母就会开始反思，开始试着去理解自己孩子的行为。这时候，父母通过写信所"说"出来的话已经不是凶巴巴的训斥，而是充满着理智和爱意了，更容易让孩子接受。所以，有什么话，不妨写给孩子看吧，动笔，有时候比动嘴温馨多了。

# 第六章
## 孩子的出格要求，父母应该这样应对

在不少家庭中，父母在应对孩子的要求时都颇感苦恼，随着孩子年龄的增加，他们的要求越来越多，条件也逐步拔高。有的父母想拒绝孩子的一些不合理要求，但遭到孩子激烈的抗议，甚至有的孩子还敢给父母脸色看。那么，父母如何做才能既回绝孩子的不合理要求，又不伤害亲子关系呢？本章中，我们给出了几个常用的应对方法，希望能对家长朋友有所启发。

## 对孩子的不合理要求，要明确拒绝

张晓阳是初二的学生，家境很好的他在物质上什么都不缺，只要是他想要的，父母大都能满足他。在进入初中后，他的朋友比以前多了不少，经常和他在一起打球、聚餐什么的，他的生活费也急剧上涨了起来。虽然家里比较富裕，但是父母也有些担忧了：自己的孩子很聪明，学习不用操心，也很有孝心，就是花钱太浪费了些，一旦没有满足他的要求，他就会和父母生气，甚至一两个星期都不和父母说话。

这一次，暑假来临了，张晓阳想和同学一起参加北京的夏令营。这本来是好事，父母都很赞同，可听了他的要求，父母就感到很为难了。原来，夏令营时间也不长，就一周多的时间，交纳的全部费用在四千元左右，但张晓阳想和朋友在夏令营结束后在北京玩几天，张口就向家里要一万元，这个数目不小，正常游玩花不了这么多的，而且他还是初二的学生，带这么多钱也不安全。父母商量后，决定给他的预算请求减半，给他五千元去玩算了，其实这钱也不少了，一般孩子是花不完的。

　　谁知道，张晓阳得知后非常生气，跟父母大吵大闹，非要那么多钱不行，禁不住他连续几天的哭闹折腾，父母无奈之下只好给他一万元。拿到钱后，张晓阳好像换了个人似的，马上就对爸爸妈妈亲昵得不得了。父母看着儿子高兴的样子，心里有些郁闷：孩子这都上初二了还这么任性，以后再长大些该怎么呢？

　　张晓阳父母的遭遇不是个例，如今在不少家庭中，父母在应对孩子的要求时都颇感苦恼，随着孩子的年龄增加，他们的要求越来越多，条件也逐步拔高。有的父母想拒绝孩子的一些不合理要求，但遭到的是孩子激烈的抗议，甚至有的孩子像张晓阳一般还敢给父母脸色看。之所以出现这样的情况，其实问题的根源还在父母身上。由于现在的孩子大多是独生子女，一个孩子成为六个长辈（父母、爷爷奶奶、姥姥姥爷）的生活中心，自然会有些娇惯。而对孩子来说，在小的时候受到诸多长辈的疼爱，其要求大多能得到满足，或者这位长辈没有满足他，其他长辈也会满足他，就会形成"只要我想要，就一定能得到"的不良心理。随着年龄的增加，他的这种心理在一再地得到验证下会越发地膨胀，以至于像张晓阳似的，到了初中阶段，还为了自己的要求而和父母生气，全然不顾自己的要求是否合理。

　　对于孩子的这种情况，父母们应该怎么应对呢？

　　答案很简单，就是对孩子的不合理要求，要明确地告诉他："儿子（女儿），你的要求是不合理的，爸爸妈妈是不会答应你的！"也只有表明自己的立场，父母才能让孩子意识到自己的要求是过分的。做父母的都知道，只要孩子想要的，自己内心总会有种"即使孩子要的是天上的星星，我们也想给他摘下来"的冲动。这种疼爱孩子的心情是可以理解的，但是我们要给予孩子的不仅仅是满足他的要求，还要帮助他更好地成长。而拒绝孩子过分的要求，正是帮助其理性认识自己和周围的事物、健康发展的一个有效方法。

同时，在处理这类事情时，父母们还要注意以下几点，以更好地帮助孩子改掉不良习惯。

首先，拒绝孩子的同时要给他讲出理由。在拒绝孩子时，父母不能因为孩子的要求不合理而简单地一拒了事，而是要告诉孩子，他的要求为什么是不合理的，父母不能答应的具体理由，要说明父母不是故意不应允的。这样一来，让孩子知道了自己的错误所在，他理不直自然会心虚，即使孩子为了达成愿望而一再胡搅蛮缠，但他心里清楚这是不对的，父母不答应自己也是合理的。另外，父母在给孩子讲出道理后，孩子即使一时心有不满，也会在不久之后谅解父母，而不会因误会造成亲子隔阂。

其次，拒绝孩子要态度坚决，让孩子明白父母的决定是不可更改的。有的父母在回应孩子的不合理要求时，往往因为疼惜孩子而态度较为暧昧，让孩子看到了达成目标的机会，自然就会更加地哭闹、强硬要求。在这时，如果父母一时心软而退让一步，孩子在达到目的后，不仅不会因父母的宽容而收敛，反而会学到了"经验"，再遇到类似情况时会变本加厉地这样做。因此，为了纠正孩子的不良习惯，父母在拒绝孩子不合理要求时，要态度坚决，不能有一丝一毫的松动迹象，这样才能达到最佳教育

效果。

最后,拒绝孩子后还要告诉孩子哪些要求是合理的。父母在拒绝孩子后,不能就此了事,而是要在此基础上,对孩子说:"儿子(女儿),你的这个要求是不合理的,爸爸妈妈也把原因告诉你了,想要达到这个目的是肯定不行的。但是,如果你的要求是……这样合理的要求,爸爸妈妈是会答应的,你可以考虑下是否提出这个要求。"在孩子因要求没有被应允而非常失望时,如果父母趁机将合理的要求抛给孩子,孩子在仔细考虑后大都会接受的,这样既能让孩子明白哪些要求是合理的哪些是不合理的,还能让其在日后更倾向于直接向父母提出合情合理的要求。

# 用善意的谎言拒绝孩子的不合理要求

刘军是小学五年级的学生,生性好动的他对各种体育活动都很有兴趣,不但学得快而且玩得很上瘾,看着他健康成长父母也很高兴。但是,最近他的父母有些担忧了。原来放暑假后,刘军迷上了游泳,这本来是好事,爸爸还特意给他办了游泳馆的会员卡,让他能经常去游泳。谁知道,不到一个月,学会了游泳的刘军便对天天在室内游泳池中折腾感到有些不过瘾了,在结识的高年级同学的带领下,他开始偷偷地去城外的河中游泳了，甚至还把自己捞到的鱼带回家炫耀起来。刘军的这种莽撞的行为，让父母很是担忧，阻止了几次但没有效果。想了半天后，父母采取了这种方法来应对。

第二天上午，刘军对爸爸说："爸爸，我去城外游泳了啊，回头再给您逮条大鱼。"

爸爸说："等一下，我给你说个事。"

让刘军坐到沙发上，爸爸说："儿子，你知道那条河的情况吗？我可是听说前不久那里有人失踪了，现在还没有找到呢！"

刘军一听，说："是吗？我没有听朋友说起啊！"

爸爸说："是真的，那个人也是去游泳呢，但是不知为什么他就沉下去了，好像听人说是被什么东西缠住了脚，这不，到现在还没有找到这个人的踪影呢。你要是去游泳，注意一下能发现这个人不。"

"我……不会，哪会看到这些……"刘军被爸爸的一席话吓着了，说话都哆嗦了。

爸爸仍然一本正经地说："唉，你别说不会，兴许你还真能看到呢，到时赶紧打电话，兴许还是做了件大好事呢！嗯，游泳时，多看看四周，你会有不同的发现的……"

说着，爸爸还拍了拍儿子的肩膀。

"对了，儿子，我又想起来了，咱城外的那条河，不但今年，去年、前几年，每年都有溺水的人，有的人被救上来了，有的至今没有找到人。你可以问问你的朋友们，是不是每年都有这样的事儿发生。"爸爸好像不经意地说道。

刘军听后，坐在沙发上想了一会儿，咬咬牙对爸爸说："我先出去了啊，咱们回头再聊。"

"好的。"爸爸品着茶没有在意地回答。

一个小时后，刘军回来了。

"嗯？儿子今儿怎么回来得这么早？去外面游完泳了？"爸爸问。

"咳咳，嗯……是这样的，我的朋友今天有事，人不齐就不去了，"刘军说道，"对了，我听人说，前不久好像有人掉河里了，但人家也不清楚被救起来没有，那河边是挺不安全的，经常有意外出现……以后……我还是去游泳馆游泳吧。"

爸爸一听笑了。

刘军喜欢游泳是好事，也得到了父母的支持，但是他却对在禁止游泳的河里游泳产生了兴趣。在正面劝说无效后，爸爸换了种方法，用"前不久河里有人溺水身亡"的事情来和刘军聊天，引起他的注意后把几年来河边的意外事故都讲出来，引起了他的恐惧，虽然爸爸并没有阻止他出去，但是出门后，刘军还是很害怕，在向朋友们求证后，更加相信了爸爸的话。感到害怕的刘军主动地不再去河边游泳，而是去游泳馆了。经过这么一折腾，父母终于打消了刘军要去河边游泳的不合理念头，而且没有引起他的反感。

刘军父亲采取的方式就是用善意的谎言来拒绝孩子的不合理要求，阻止孩子高风险的行为。对于用这种方法教育孩子，让孩子不再提出过分的要求或做出不合理的行为，不少父母都有些犹豫，担心这与自己一直以来教育孩子的"讲诚信，不说谎"好像有些矛盾，还有的父母担心孩子知道自己对他撒谎后更不好管教等。其实，父母的这些担心是不必要的，虽然我们一直提倡教育孩子诚实，但是在一些特殊时候还是可以讲些善意的谎言的，特别是当直接拒绝孩子会引起较大的家庭矛盾或者没有收效时，又或者会伤害孩子的心灵时。因此，父母在家教中，在适当的时刻、适当的情境下采用这种方式，不但会收到良好的效果，即使让孩子知道了也会得到其理解的。具体来说，在采用这种方法时，父母要注意以下两点：

首先，这种方式不能常用。父母在和孩子交流中采取善意的谎言时，一般都是出于真相对孩子有利但是孩子对真相往往比较抵触的情形，偶尔尝试，效果会比较明显，如果经常采用，就会被孩子看出破绽，也会受到孩子的质疑："一次两次是为我好，但经常这样对我说谎，也是为我好吗？"甚至孩子会产生更强烈的抵触心理，对父母说的话都采取怀疑的态度了。因此，这种方式只能在其他常用的方式效果不明显，或者一些特殊情况下使用才合适，而且只能偶尔为之，不可多用。

其次，在孩子对善意的谎言质疑时，父母要给其讲明白原委。即使父母是出于爱心，对孩子说了善意的谎言，但是也会有被孩子质疑的可能。这时，父母要做的不是为了圆这个谎言而继续编造更多的谎言，而是大方地向孩子承认是自己撒了谎，但是父母这样做是为了孩子好，具体原因是什么都讲清楚，让孩子明白父母的一片苦心，是不得已之下才这样做的。相信只要父母大方、坦诚地与孩子交流，孩子会接受父母的解释并感激父母为了自己而做出的这一切的。

# 冷淡应对孩子的过分要求

张燕是小学六年级学生,她不仅学习很好,在生活中也能做到让一切井井有条,让父母省了不少心。但是,张燕也有个缺点,就是有时会提出出格的要求,而她的个性也比较强,如果父母直接回绝,她会低落好一阵子。

周五的傍晚,张燕放学回家后,兴冲冲地对父母说:"爸爸妈妈,我的期中考试考了班上的第五名,我厉害吧!"

爸爸妈妈听后也很高兴,连声夸奖:"宝贝女儿啊,你真了不起,比上次前进了五名呢!"

"那是,不看我是谁!哈哈,这次我有奖励吧?"张燕说道。

"当然有,只要是合理的要求,爸爸妈妈会满足你的!"爸爸高兴地说。

"我想要一张演唱会的门票,就是现在正红的那个歌星的,她下个月来我们省的省会开演唱会,我们一起去看好不好?"张燕兴奋地说。

## 第六章　孩子的出格要求，父母应该这样应对

"啊？"爸爸一下子愣住了，女儿的这个要求可不太容易满足呢，他们所在的城市距离省会足足有四五百公里远，而且这个明星现在很红，演唱会的门票也不便宜，曾听女儿念叨上次演唱会门票一张足足两千多元，一家三口去看的话，门票加上吃住和交通费，要小一万元呢，这对于普通工薪家庭来说实在是太奢侈了。

妈妈在一旁也感觉到女儿的这个要求有些不靠谱，于是对女儿说："乖女儿，你能换个要求吗？这个要求有些满足不了呢！"

张燕一听，有些生气地说："哼，你们这是没有诚意，明明让我讲要求，结果又不同意了！"

爸爸妈妈怎么都哄不了张燕，后来，爸爸生气了，冷冷地看了她一会儿，淡淡地说："你的要求过分了，自己想想吧。"

然后，爸爸就把妈妈拉到其他屋里了，留下了张燕一人在沙发坐着。

失望的张燕哭了一会儿，慢慢地走回房间，接下来几天，家里的气氛比较冷淡，但不久之后就又恢复了有说有笑了。原来是张燕想明白了自己的不对之处，慢慢理解了父母的话，再加上其他事情也转移了她的注意力，她慢慢就把去看演唱会这件事淡忘了。张燕爸爸妈妈无意中用的冷淡处理方法收到了很好的效果，这让他们十分高兴。

在生活中，不少父母都遇到过和上面故事类似的情况：自己的孩子学习好或其他方面比较出色，但往往会以新取得的成绩向自己提出些过分的要求，好像他取得好的成绩就应该得到大大的奖励似的，有时在日常生

活中孩子也会提出一些出格的要求。答应孩子吧，这会让孩子误以为只要取得一点儿进步就能挟功劳提要求了，长此以往很不利于孩子的成长；不答应孩子吧，孩子毕竟取得了成绩，或者在日常生活中也没有做出什么错事，强硬地拒绝往往有些于心不忍。这时，父母可以尝试上面故事中张燕爸爸的做法——冷淡处理孩子的出格要求。

冷淡处理的意思是说进行低调的处理，让对方在受到冷淡对待后冷静下来自省，既能不破坏双方的关系，也能表明自己的态度。同样的道理，在应对孩子的出格要求时，父母也可以这样去做。父母要告诉孩子"这个要求不能答应，它是不合理的"，然后就冷淡地应对孩子的纠缠和哭闹。在使用这个方法时，父母做到以下几点，会收到更好的家教效果。

首先，让孩子明确知道其要求是不合理的。父母在和孩子交流时，面对其提出的出格要求，可以明确地告诉他"这是不对的"，"这样的要求是不能被满足的"，让其知道自己是在强人所难。也只有父母将这个结论告诉了孩子，才能为接下来的拒绝做好铺垫。在告诉孩子的同时，还要把理由一并讲出，让其在心里对自己的行为有个大致的评判，这样更有利于对孩子的教育。

其次，在拒绝孩子时要态度冷淡。在拒绝孩子时，父母不能面带笑容，也不能太过生硬和死板，更不必大光其火，而是要表情冷淡地对他说话，同时语言也要冷漠些，让孩子从父母的表情和语气中感受到自己提出的要求是不合理的，这有时比直接斥骂还有效。在冷淡地拒绝孩子之后，父母要去做其他事情，而不是一直陪着孩子，这样既能避免增加亲子间的隔阂，也能让孩子从父母的行为中看出"原来自己提出的要求过分了，父母直接忽视了,对这些都不感兴趣,忙其他事情去了。"

最后,冷淡的态度要能坚持一段时间。父母在拒绝孩子后,应在此后的几天中,避免再次谈论此事,或者孩子想挑起这个话题时,父母要继续表现出冷淡的样子,让孩子能"知难而退",并且杜绝孩子再次提出同样的要求以求父母软化态度应允的投机心理。

## 用反问法应对孩子的难缠要求

王辉是初一的男生,精灵古怪的他是父母眼中的宝贝,一般来说,只要不太出格,他的要求父母都会满足,但是随着王辉渐渐长大,父母对他的要求也愈加严格了。在以往,他在周末会和同学出去痛痛快快地玩,但升到初一后,当他提出周末和同学玩时,往往会得到父母的反对,"不行,先写完作业再去","你还有艺术班需要上呢"。这让他很是郁闷,也渐渐开始了反抗,到后来,父母发现这种拒绝孩子要求的方式已经不太有效了。

这怎么办呢?王辉的爸爸开始关注起亲子沟通了。后来,他想出了这样一个方式,当孩子提的要求不合理时,可以尝试用反问的方法迂回拒绝。

不久，王辉放学回到家中，对爸爸说："爸爸，我周末要和同学去打电子游戏。"

爸爸心想这马上就要期末考试了，孩子的功课还没有复习好就去玩是不太合适的，就沉吟了一会儿说："儿子，为什么忽然想起来去打电子游戏呢？我记得你以前不热衷啊。"

"是这样的，我们班上的男生组织了一个游戏团队，缺人手，我就补上了，需要练习。"

"你们的练习安排是什么样的呢？"爸爸追问道

"嗯，这周开始热身，下周末开始练习对抗赛，练一个多月后，假期里我们和其他学校的同学正式比赛。"

"哦，那你是怎么安排练习游戏和准备期末考试的事的呢？"爸爸又问道。

"噢……我还没有想到。"王辉讪然地一笑。

"嗯，看来你需要仔细考虑这件事情啊，儿子。"爸爸没有责怪他，而是拍拍他的肩膀，留下一句话就出去了。

王辉愣了一会儿，就回屋了。第二天，他对爸爸说："我不去打游戏了，太浪费时间了，打算先把功课温习一下，有空闲了再去打游戏！"

爸爸和妈妈听后，相视一笑。

与以往的直接拒绝和生硬的态度相比，王辉爸爸用反问这种亲子沟通方式，取得了较好的效果。即在孩子提出自己的要求，父母认为确实有些不合理，无法给予满足时，采用对其要求进行反问或对要求的细节和前后因果逐步深入质问的方式。当孩子提出不合理的要求时，用这种方式往往会让孩子自动住嘴，不再为自己的要求而辩解。有兴趣的父母不妨尝试一下这种方式。在应用这种方式时，父母如果做到以下几点，将会取得更好的效果。

首先，先考虑再回绝孩子的出格要求。父母不要一上来就直接用反问回绝孩子的要求，哪怕是无理的要求，也要先仔细想一想，权衡之后再对孩子进行反问。这样做既是对孩子的尊重，让孩子真正体会到"不管我的要求是什么，父母都在仔细考虑"，也是父母完善想法的时机，同时也有缓冲孩子急切心情的作用。

其次，循序渐进地用反问的方式对其要求提出疑问。父母在思考成熟后，可以先不对孩子的要求直接回答"是"与"否"，而是让孩子重复其要求，并讲出原因。然后，父母从要求的不合理之处入手，向孩子提问，或者帮孩子设想"如果这样做了会怎么样"等。在步步深入中，让孩子看到其要求的不合理之处，其急于达到目的的想法自然就会冷却下来。同时，这种方式，还是帮助孩子理清思路的一个机会，也是锻炼孩子逻辑思维的方法，在父母的引导下，孩子对自己的想法哪些是可取的哪些是不可取的，会逐渐有所评判。

最后，父母要让孩子明白这不是在故意刁难他。在用反问这种方式和孩子交流时，虽然通过层层递进的方式让孩子打消了坚持出格要求的心思，但出于照顾孩子心理的缘故，父母还要给孩子解释"爸爸（妈妈）的这种反问不是故意刁难你，目的是帮你理清思路，明白哪些是可行的哪些是不可行的，对于你的合理的想法和要求，爸爸妈妈是很欢迎的，也会尽量想法予以满足的"。相信经过父母的解释，孩子因要求没有得到满足而产生的不满情绪会得到极大的缓解，也更有利于亲子间的沟通和交流。

## 用"赞赏拒绝法"回应孩子的不合理要求

李华是一名初三的学生，她在班上的学习成绩是中上等，而且她有不少特长，唱歌、弹钢琴、绘画、跳舞样样都会，可以说是班上的多面手，很受同学们的欢迎，也深受老师和家长的喜爱。除了这些优点外，李华也有一些缺点，比如她有点儿小脾气，如果脾气上来了，别人就不能和她"唱对台戏"，说不同的观点。还有，她时不时地会给父母提些要求，有的要求比较合理，父母就会很爽快地答应她，还有的要求就有些出格了，倘若父母没有满足她，就会受到她强烈的抗议和无尽的纠缠，大有不达目的不罢休的势头，父母被缠得实在不行时就会从别的方面加大补偿的力度。

这一天，李华又兴冲冲地回家了，她从书包里掏出了一张奖状和一个精致的太空杯，得意地向爸爸妈妈炫耀说："这次我在学校舞蹈比赛中获了二等奖，这是奖状和奖品，你们看看！"

爸爸妈妈对此也很高兴，连声夸奖："我们的女儿很棒！又获得了一次大奖，你真是爸爸妈妈的骄傲啊！"

李华得意地笑了笑，然后眼珠一转说："你们看看我多给你们争脸啊，是不是该给点儿奖励啥的呢？"

"嗯，有付出就有收获，你获奖了就要有奖励的，不过你不是已经拿到奖品了吗？"爸爸一听女儿又提要求了，就感到有些棘手了。

"那是学校给的，你们还没有给呢！"李华有些不乐意了。

"嗯，我们的乖女儿多厉害啊，这是今年的第三次获奖了，这可不多见啊，自从升初中以来，光奖状都十来个呢！"妈妈见状忙插话。

"那是，你们也不看看我是谁！"李华一听高兴了，得意地说。

"我们的女儿是天下最优秀的女儿，不但聪明漂亮、多才多艺，而且特孝顺，很懂礼貌，知道心疼父母，经常帮父母干活不说，还会给父母做按摩。"妈妈继续夸奖着。

李华听了心里美得不行，原来自己的优点父母都看在眼里记在心里呢！

"我们的女儿不但在家里懂事，体贴父母，在外面也很懂事啊，咱们大院里，不管是见到谁，女儿都会主动打招呼，还经常帮楼下的张奶奶拎菜篮子，帮王阿姨照看小宝宝，你看谁不夸奖她啊？"爸爸也加入了夸奖女儿的行列。

"嘿嘿，我哪有那么好？看你们夸得我都不好意思了。"李华笑着说道。

"有这么多优点,当然值得夸奖啦!你看看今天不是又拿到了二等奖嘛,爸爸妈妈心里高兴啊!"妈妈笑着说。

"哎呀,一个普通的小奖啦,不值得那么大惊小怪的,以后我拿个一等奖给你们看看。"李华信心满满地说。

"好啊!加油哦,乖女儿,爸爸妈妈等着看你拿一等奖的那一天哦!"爸爸鼓励道。

"是啊,我们都盼着呢!这次的奖励该给你什么呢?"妈妈趁机引出话题。

"这次啊,算了算了,等我拿了一等奖再说吧!"李华满不在乎地摆摆手说,显然忘了回家前想要什么奖励了。

生活中,虽然李华在各方面都很优秀,但她的父母也会为如何应对她的一些出格要求而苦恼,担心直接生硬地拒绝会伤害到孩子的自尊,而次次满足其不合理的要求会增加家庭的负担,也会让孩子产生"我要什么就有什么"的不良心理,不利于其健康成长。在这次李华拿到学校舞蹈比赛二等奖后,她本想再从父母手里"争取"些奖励,但在父母巧妙的赞美中,自觉地放弃了自己的要求。这就是"赞赏拒绝法"威力的实际体现,李华父母这么做,既肯定了她的努力和成绩,鼓励了她的自信心,激励她向更高的目标奋进,又在不伤害其自尊的前提下,让她产生"原来自己有那么大的本事呢,因为这次的小成绩就要点儿奖励有些不合适"的想法。

我们每个人都有过类似的经历:当我们向他人求助或提出要求时,如果对方先赞美几句然后再拒绝我们,我们的心里就不会那么难受,虽然目的没有达到，但仍认为别人是了解自己、欣赏自己的，因此很少产生怨恨的心理。同理，曾有人说，赞赏是家庭中亲子关系的润滑剂，它能大幅度降低亲子摩擦的概率。它能让孩子从父母的赞赏中感受到对自己的认可和关注，这不仅会鼓舞孩子，还会让孩子也理解父母、支持父母，进而对父母的话更加认同。因此，父母先赞美再拒绝孩子的要求，其收效会比简单粗暴地否定好很多，不会让孩子产生过度的逆反心理。但是，父母如果想要熟练运用"赞赏拒绝法"，还要做到以下三点：

首先，赞赏要有的放矢。每个孩子都希望能够得到父母和老师的赞赏，这是人希望得到周围人认同的心理决定的。想必每个人都有这样的体会，即我们想得到的是对我们的真正的认同和赞赏，并不是流于表面的简单夸奖，那样的夸奖没有诚意，甚至在某些场合下会被认为是敷衍或反话呢。因此，父母在赞赏孩子时，就要言之有物，夸奖他的某个具体的优点，这样收效会更为显著。

其次，赞赏要适度。我们知道，做任何事情都需要把握一个度，过犹不及的道理人人都懂得。如果父母就一件小事而对孩子大夸特夸，反而会让孩子感到不习惯甚至会反感。因此，在赞赏孩子时，父母可以根据孩子取得成绩的大小、进步的速度等给予相应的鼓励和认同，这样会让孩子更易于接受表扬，也更能激励他们上进。

最后，赞赏要把握好时机。一般来说，孩子对自己的要求是否合理都会有一定的判断，之所以会将不合理的要求提出来无非是想获得更多的奖励。如果孩子一开始就知道自己的不合理要求会被拒绝的话，他就会降低期望值，并将其转为合理的要求。另外，当孩子提出要求后，父母再去赞赏他并削减其需求，会给孩子一种讨价还价的印象，不利于亲子的沟通。因此，赞赏拒绝法在父母发现孩子想挟奖图报而没有提出时使用效果最好。这时父母可以把孩子的不合理要求提前"堵住"，让孩子在赞赏中明白自己的要求的底线在哪里，自动放弃提出那些过分的要求。

# 第七章
# 父母如何和孩子轻松沟通棘手问题

有一些特殊的问题,父母不好谈,孩子不好说。在这种尴尬的局面下,很多父母经常会和孩子作一些无效的交流,你说东,他讲西,结果一言不合,问题解决不了,还有可能衍生新的问题——父母和孩子失和。

因此,在面对譬如孩子早恋、偷东西、爱撒谎等问题时,父母不要急躁地批评、打骂孩子,要静下心来,多和孩子聊聊天,以平和的心态和孩子一起面对这些问题。

第七章 父母如何和孩子轻松沟通棘手问题

# 父母应沉着应对孩子早恋的问题

爱情是一种很美好的感情，可是若发生在孩子的青春期，那父母就会忧心忡忡了。对于青春期的孩子，很多父母心中都有一怕——怕孩子早恋。因为担心孩子早恋，影响学习和身心健康，所以父母就时刻绷紧神经，观察着孩子的一举一动，提防着孩子和异性同学交往，偷看孩子的日记，偷听孩子打电话，仔细盘查孩子的行踪，翻查孩子的聊天记录……一旦发现孩子早恋，父母对孩子便是批评教育。很多父母坦言他们为此伤透了脑筋。其实何止父母伤透了脑筋，父母不正当的处理方式也伤害了孩子的心。

最近妈妈发现娟娟有些异常，回家比以前晚了，情绪波动也很大，有时候一个人偷着乐，有时候看起来又很不开心。

妈妈趁女儿在客厅看电视，就偷偷翻了她的书包，才发现原来她和隔壁班一个男生谈恋爱了。

"娟娟，这是什么？你小小年纪就谈情说爱的，没个正经，哪里还有心思学习啊？"妈妈拿着一封信，训斥娟娟说。

"妈，你怎么这样啊？谁让你偷看我的信了？"娟娟也很生气。

"亏得我看了，不然就更不得了了。你跟妈妈保证和那个男孩子断绝往来！不然你就别想出门了！"妈妈说。

"凭什么？我们就是好朋友而已！"娟娟冲妈妈吼道。

"说不行就不行，要谈等长大了再说。"说完妈妈就当着女儿面把信撕了。

娟娟伤心极了，觉得妈妈太可恶了，于是趁妈妈不注意，离家出走逃到奶奶家去了。

妈妈找了好几天才找到她，可把妈妈急坏了。

妈妈为了阻止娟娟早恋，粗暴地撕了孩子的信件，强行命令孩子跟同学断绝往来，这深深地伤害了娟娟的自尊心。在很大程度上，是妈妈不正确的处理方式，导致了娟娟的离家出走。这时候孩子需要的是父母的理解、开导和教育，而不是粗暴的打压。我们常常看到，有些父母为阻止孩子早恋，要么责骂、吓唬孩子，要么跟踪、堵截，防止孩子与异性同学交往。这种教育之下，孩子就会变得自卑、压抑，有的甚至还可能采取极端的方式伤害自己或家人。

其实，随着生理和心理的逐步成熟，青春期阶段的孩子对异性产生好感，这是一种正常的现象。有的孩子会私下默默喜欢一个人，有的孩子会大胆表达爱慕之情，递纸条，约会。但是这时期也正是孩子学习知识、培养素质、成就人生的关键时刻，要让孩子知道如何正确地处理与异性的关系是很关键的。如果孩子沉迷于恋爱，一定会分散学习的精力，影响学习。所以作为父母，如何正确应对孩子早恋的问题至关重要。

孩子在青春期，心理上有爱慕异性的冲动是正常的，父母要转变观念，不要把孩子心中懵懂而纯洁的想法都视为洪水猛兽，应该站在孩子的角度看问题，与孩子沟通，理解他们的内心世界，进而引导孩子正确地区分友情和爱情，教育孩子在与异性交往时要把握分寸，理智地交朋友。

父母是孩子最亲近的人，所以多些对孩子的关注，预防孩子早恋可以避免更多的问题。在生活中细心地观察孩子的细微变化，如果发现孩子有早恋的倾向，可以委婉地教育孩子，让孩子认识早恋的危害。父母可以丰富孩子的业余生活，鼓励孩子多看书、参加体育锻炼，转移孩子的注意力；可以鼓励孩子多参加集体活动，创造一些与异性正常接触的机会，消除孩子对异性过多的好奇心。

如果发现孩子的早恋行为，父母也不要惊慌，更不要采取打压的方法，因为打压可能还会适得其反，真诚坦率地和孩子讨论早恋问题才是解决之道。父母应该宽容、信任孩子，可以为孩子讲述自己青春期的经历，帮他们建立积极健康的爱情观；可以讲述早恋的危害，让孩子用理智战胜不成熟的感情冲动；另外，父母也需要认真反思家庭教育存在的不足，看看是否是孩子缺乏父母的关爱，才不得不向外界寻求理解、寻找感情寄托。所以父母要多关注孩子，和孩子沟通，为孩子营造愉快和谐的家庭氛围。正如心理学家所说："抵抗早恋最有效果的武器就是家庭和亲情。"

兰兰吞吞吐吐、欲言又止，最后终于告诉妈妈自己喜欢班里一位男同学。

妈妈说："你喜欢他一定是有原因的，对吧？他身上一定有让你欣赏和崇拜的地方，对吗？你喜欢这个男孩的什么呢？"

兰兰看妈妈没批评她，还很理解她，大胆地说："对呀，他不仅学习成绩好，而且长得可帅了，还特别幽默。"

妈妈赶紧抓住时机说："妈妈觉得自己的女儿是个很有眼光、很有品位的人呢！"

兰兰听妈妈说完就开心地笑了。

"妈妈像你这么大的时候，喜欢上了你爸爸，但是妈妈十分理智地战胜了自我，等到读大学时才开始和你爸爸谈恋爱，既没耽误学习，现在也过得很幸福，不是吗？"妈妈接着说。

女儿既诧异又欣喜地对妈妈说："妈妈，我懂了，我会好好处理的。妈妈，你真好，我的好多同学都会为这种事挨父母骂的。"

兰兰妈妈是一位高明的母亲。她没有直接打压孩子的感情，而是用委婉的方式教育了孩子，很值得借鉴。只要父母多方面分析问题，在沟通中理解孩子，在预防中教育孩子，在问题中引导孩子，就可以做到沉着应对，孩子早恋的问题也一定会迎刃而解。

# 如何帮助孩子戒掉网络游戏瘾

随着互联网的普及,很多孩子都学会了上网,玩电脑游戏也成了他们生活的一部分。如果在学习之余合理上网玩游戏,那倒没什么大碍,但是很多孩子自控力差,染上了游戏瘾,父母为此苦恼不已。不少青少年沉迷网络,毁掉大好前程,甚至导致家庭悲剧的案例屡见报端,更让父母忧心忡忡。对此,很多父母抱着"恨铁不成钢"的心态呵斥、谩骂孩子,甚至对孩子动粗。其实,孩子玩游戏成瘾,错不只在孩子,这与父母的管教方式也是有很大关系的。不合理的教育方式,不仅无法让孩子戒掉游戏瘾,还会伤害亲子关系。

最近爸爸为家里添置了一台电脑,方便儿子王翔查一些学习资料。没想到儿子在同学的影响下,迷上了网络游戏,经常一个人"宅"在屋里,不让人进门,人也一天比一天冷漠、封闭。

"又在玩游戏,快给我关了!不能出门玩会儿啊?"爸爸很生气,大声地吼道。

王翔打游戏正打得聚精会神,哪里有空理爸爸?他没抬头。

"你这小子,越来越不听话了!"爸爸是个暴脾气,说完就把网

线拔了。

"你干吗！我的经验都没啦！烦人！"王翔眼看着自己辛辛苦苦几个月的战果眨眼就没了，"哐"一声摔下了鼠标。

"你这小子，还跟我横！"爸爸扬起手，给了儿子一巴掌，"看书去！"

王翔捂着疼痛的脸，夺门而出，发誓再也不回家了。他找了一间网吧，疯狂地玩起了游戏，一玩就是一个星期。

爸爸妈妈急坏了，饭也吃不下，找了儿子好多天，最后终于在网吧找到了王翔。回到家，爸爸又是对儿子一顿暴打。

此后，王翔不敢在爸爸眼皮底下玩游戏了，所以就开始逃课，或者利用爸爸不在家的时间玩，渐渐地学习成绩下滑了，人也变得更消沉了。

王翔沉迷于游戏，这让爸爸很苦恼。爸爸为了帮儿子戒掉网瘾，不惜责骂、动粗，各种方式都用上了，却最终逼得儿子离家出走。可怜天下父母心，其实，只是爸爸用错了管教方式。如果爸爸能够正确对待王翔，将儿子从游戏的泥潭里救出来是不难的。

如今，面对越来越大的升学压力，学校和父母都很重视孩子的学习成绩，因此，孩子的学习压力越来越大，课业负担也日益繁重。电脑游戏作为一种娱乐和放松的方式，可以帮助孩子缓解压力，消除烦恼，对孩子的吸引力很大。但是，有很多游戏充斥着血腥和暴力，内容是不健康的，而且孩子一旦沉迷于游戏，势必影响学习。所以，父母应积极参与到孩子的日常生活中去，监控和引导孩子健康地玩游戏。父母可以与孩子沟通和协商，合理安排玩游戏的时间，还可以采取某些措施，如定闹钟、加密和安装相关软件来配合监管。同时，避免将电脑放置在孩子的房间，也是一种很好的方式，这能很大程度上减少孩子使用电脑的时间。当孩子养成了合理上网的好习惯以后，就不会沉迷于游戏而不能自拔了。

很多玩游戏成瘾的孩子反映，他们之所以陷进去无法自拔，是因为学习很无聊，成绩也不好，而从游戏一关一关的挑战中，自己的能力能够被发现和肯定，他们不仅获得了自信和成就感，还交到了很多网友。因而，这就启发父母们在生活中要多鼓励和肯定孩子，帮助孩子建立自信心。在学习上，父母可以先提出一些低的要求，然后不断地鼓励孩子，让孩子在一点一滴的进步中收获自信。同时，父母也可以帮助孩子培养一些兴趣爱好，以转移孩子对游戏的注意力。比如鼓励孩子多读书，和同伴一起玩耍、做运动等，这样孩子在现实生活中找到了快乐，交到了朋友，就不会沉迷于虚拟的游戏了。

当然，在帮助孩子戒掉游戏瘾的过程中，父母不能抱有急功近利的心态。孩子的自制力差，在戒掉游戏瘾的过程中，难免出现反复的情况，因此父母要做好"打长期战"的准备，耐心地监督、教育和帮助孩子。

小武玩电脑游戏上瘾了，最近常常夜不归宿，爸爸妈妈天天逐个网吧地找，为此担惊受怕的，各种教育方法都用尽了，也不见效果。爸爸妈妈经过思考后，决定认真同儿子谈一次。

"小武，你玩电脑游戏多长时间了？"爸爸问。

"一年了。"小武看爸爸没有骂他就小心地回答道。

爸爸接着问儿子:"你有没有战胜所有游戏对手?"

他回答:"没有。"

爸爸接着说:"知道为什么你不能战胜吗?儿子,因为你不知道游戏幕后的背景。"于是爸爸给小武讲了游戏的来历,介绍了高校里有专门的电脑游戏设计课程,然后说:"为什么会有那么多人玩游戏?因为游戏有一定的趣味性,但你还太小,往往控制不住自己,所以会沉迷其中。"

这时,小武恍然大悟,他感觉自己正在浪费时间做着一件愚蠢的事,于是跟爸爸说:"爸爸,我想戒掉游戏瘾。"

大喜过望的爸爸随即关了电脑,带儿子回了家。此后,爸爸特地在家装了电脑,严格为小武安排了上网和玩游戏的时间,定点提醒他注意让眼睛休息。小武没有食言,他最终彻底告别了游戏。

电脑游戏是一把双刃剑,它可以带给孩子欢乐,也可能将孩子拉入深渊。如果孩子不幸染上了游戏瘾,父母也莫须惊慌。如果父母能够做到不怕反复,持之以恒,耐心监督和教育,坚持鼓励和表扬,帮助孩子脱离游戏的苦海其实并不是一件难事。

# 帮助孩子走出心理牢笼

孩子在成长的过程中，很容易因为心智的不成熟，而对事物认识不到位，从而走进心理的牢笼，因为害怕周围人的评价而畏首畏尾，不知道如何向前迈步。孩子的这种表现让父母又心疼又担忧：年纪小小的就有那么多顾虑，就那么在意周围人的看法，这可怎么办才好呢？

一天，妈妈带着儿子赵小凯去买衣服，赵小凯在琳琅满目的商品中，一下就看中了一件带着粉色染花的运动服。他指着那身运动服问妈妈："妈妈，那套衣服怎么样？"

"嗯，还不错，你喜欢吗？喜欢咱们就买下来。"

"嗯……"听妈妈这么说，赵小凯突然托着下巴思考了起来，最后摇摇头说道，"还是不要了，男孩子穿粉色衣服，会被同学们笑话的。"

"不会啊，小凯皮肤白，穿粉的正合适。"妈妈鼓励道。

赵小凯还是摇摇头，推着妈妈去看其他衣服了。

故事中的赵小凯明明看中了自己喜欢的衣服，但是担心受到伙伴的嘲笑和反对而左右为难。在实际生活中，像赵小凯这样的例子比比皆是，这是因为孩子在成长中逐渐对自己有了更深的了解，同时又没有形成牢固的自主信念，比较容易受到周围人的影响，对周围人如何看待自己也更为敏感，这种顾虑甚至会形成一种思维习惯，让孩子在做什么事之前都会先想到"其他人会怎么说我"、"别人会认为我这样做是错的吗"之类的问题，结果往往被这些假设性的观念束缚住手脚，导致年龄小小却显得暮气沉沉。因此，父母应改变家教方式，帮助孩子从这种心理牢笼里解脱出来。

父母应多和孩子聊天，了解孩子心中的顾虑后，告诉孩子他的顾虑不一定都是对的。当父母发现自己的孩子有类似赵小凯的顾虑时，应鼓励他将自己的想法和担忧都说出来，帮他分析这些想法和担忧哪些是必要的，哪些是不必要的。父母还可以通过故事、实际例子等告诉孩子，别人的看法有时只是无心之语，或者只代表他们的个人意见，并不一定都对，人要能坚持自己的想法才行。

父母还应鼓励孩子大胆尝试以前不敢做的事情，让孩子逐渐走出心理的牢笼。让我们接着看看上例中赵小凯的妈妈是怎么做的吧。

回到家后，妈妈对爸爸讲起了这件事，苦恼地说道："儿子小小年纪怎么这么在意别人的目光呢？就这样把自己困在牢笼里可不好，不行，我看，还是把那套衣服买回来，鼓励他穿穿试试，真的很合适嘛。"

妈妈不想儿子这么小就束缚住自己，在得到爸爸的支持后，第二天悄悄把那套运动服买了回来。

"儿子，妈妈今天要给你一个惊喜！"当赵小凯刚打开门走进来，妈妈就兴奋地迎了上去。

"给我买好吃的了吗？"赵小凯笑嘻嘻地问道。

"就知道吃。看，妈妈把昨天的衣服买回来了，快穿上，让妈妈看看。"

"妈妈……"赵小凯眼里的惊喜一闪而过，随后换上了一副不甘愿的表情，小声说："我不是说，不要这套吗？万一穿上了像小姑娘似的怎么办？"

"你穿上试一下不就知道像不像小姑娘了吗？妈妈觉得很适合你，而且我问售货员了，这就是为男孩子设计的衣服，你穿不会有错的。"妈妈说。

赵小凯眨了两下眼，看看衣服真的挺喜欢，便轻轻点了下头，小声回答道："那……我就试穿一下？"

"嗯，穿一下，不合适妈妈拿去换。"

"好。"赵小凯腼腆地笑了笑，抱着衣服跑回了房间，不一会儿，羞答答地低头走了出来。

"妈妈，怎么样？"他问。

"这不是很合适吗？而且显得我儿子更阳光帅气了。"妈妈夸赞道。

"真的？"

"妈妈什么时候骗过你，自己去照照镜子。"

赵小凯赶紧跑进了洗手间，没一会儿乐呵呵地跑了出来，对妈妈说道："真的挺合身。"

"对吧，妈妈没说错吧？"

"嗯。"赵小凯重重地点了几下头，然后说："以前听同学们说男孩子穿粉衣服很娘娘腔，所以我就告诉自己千万不能穿带粉色的衣服，不过今天试了试，我觉得男孩子也是能穿粉衣服的。看来，很多事情不亲自试一试，是不知道结果的。谢谢妈妈让我懂得了这个道理。"

上面的故事中，妈妈的做法很巧妙也取得了良好的成效，让孩子大胆地穿上了自己喜欢的衣服。更重要的是，妈妈的举动让孩子在心理上突破了原有的观念牢笼的束缚，也让他明白了"不能一直担忧他人的看法，亲自尝试才是正确的"这个重要的人生道理，为他以后彻底摆脱束缚奠定了基础。在生活中，父母也可以借鉴赵小凯妈妈的方法，鼓励孩子将他人诧异的眼光、冷言冷语和反对的声音都弃之一旁，在自己喜欢的领域大胆尝试。

除此以外，父母还要加强孩子的主观意识，多培养孩子的主见。有数据显示，在小学、初中的孩子中，那些自主意识较差、缺乏主见的孩子更容易受到他人的影响。因此，父母可加强孩子在这方面的教育，从日常小事开始，让孩子积极动脑筋，提出自己的看法，并自己做主去做，时间一长，孩子就会变得越来越有主见，不再为无谓的担忧而伤脑筋了。

# 纠正孩子偷东西、爱撒谎的坏习惯

在成长过程中,孩子的小偷小摸行为是常见的,尤其多发生在孩子5~10岁时,但随着年龄的增长以及父母的引导,这种现象会逐渐消失。专家认为,孩子之所以出现这样的现象,是因为他们还没有足够的意志力控制自己的行为。当孩子出现小偷小摸的行为时,父母不应置之不理,要多和孩子进行语言上的沟通和交流,打消孩子的顾忌,让孩子主动承认自己的错误并改正。

妈妈最近发现自己总是莫名其妙地丢钱,明明钱包就在家里好好放着,可回头一看,就会发现里面不是少了五块钱,就是丢了十块钱。这是怎么回事呢?难道家里进贼了?可如果有贼的话,为什么不把钱全偷走,而是只拿一部分呢?妈妈想了好长时间都想不明白这到底是怎么一回事,直到有一天,妈妈发现自己的儿子像贼一样偷偷跑进了她的房间,没一会儿又悄悄出去后,才有了眉目。

"不会是儿子拿的吧?"虽然妈妈大概了解是怎么一回事了,但她还是不敢相信自己的儿子会做出小偷一样的行径。

为此,妈妈特意安排了一场局,想看看到底自己钱包里的钱是不

是儿子拿的。

周末的一天,妈妈随手把钱包放在了饭桌上,然后假装去洗手间,悄悄躲在了洗手间的门后,从门缝里观察着饭厅里的动静。

十几分钟过去了,饭厅没有任何动静,妈妈正想是不是自己搞错了,误会了儿子时,儿子房间的门发出了轻轻的吱呀声。

不一会儿,妈妈就看见儿子探头探脑地出现在了饭厅,像小偷一样,轻手轻脚地来到了饭桌前,东瞧瞧,西看看,确定没人后,迅速地拿起了桌上妈妈放下的钱包,从里面抽出了两张五块钱的纸币。之后,把钱包放回原处,儿子迅速地跑回了房间。

吃晚饭的时候,妈妈装作没发生任何事情一样,随口说道:"最近真是很奇怪啊,放在钱包里的钱,总是会过两天少一点儿,过两天少一点儿,难道是我不注意花了?"

"是不是你记错了?"爸爸笑道。

妈妈一边皱眉头,一边看向对面的儿子,只见他先是惊慌了一下,在听到爸爸的话后,赶紧附和道:"肯定是妈妈你记错了。"

"是吗?那可能是记错了,最近妈妈的记性是不太好。"妈妈说完,就见儿子像是松了口气一样,大口地吃起饭来。

"儿子,今天吃饭之前,你来饭厅了吧?"妈妈放下碗筷,轻声问。

"啊?"儿子吓了一跳,连忙摇头。

妈妈继续问道:"好像动了一下妈妈的钱包。"

"没,没有啊。"

"没有吗？那咱们家还有其他孩子吗？"

"不知道……"

"妈妈都看见了，你还敢撒谎？太气人了，小小年纪竟然学会偷钱了？在家偷钱，出去是不是也偷别人东西了？今天妈妈一定要好好管教管教你！叫你再偷东西！"妈妈生气地拍着桌子，对儿子真是失望透了。

时下，独生子女家庭越来越多，且生活条件比从前优越，但物质水平提高的同时人们的欲望也在膨胀，孩子在父母的宠爱下更是如此。比如，他们不满足于数量已经很多的玩具，追求更多、更时尚的，如果父母不给予满足，类似故事中儿子的行径也就随之而生了。这种行为是必须及时纠正的，长此下去，后果将不堪设想，成年后可能会出现一系列人格偏差问题，小偷小摸也可能会演变成违法乱纪等行为。对于孩子的偷窃行为，许多父母会大发雷霆，痛打孩子或者当众数落，殊不知这样不但解决不了问题，还有可能让孩子自暴自弃，继续偷窃。所以，当父母发现孩子有这种行为时，应该冷静对待，先找出诱因，再因势利导，有针对性地给孩子分析问题，才能更好地让孩子认识到自己的错误，从而改正。

孩子偷东西经常还伴随着撒谎的恶习，拒绝承认自己的错误，为了瞒骗父母而编织了一个又一个谎言，这是很不好的习惯。

刘冬梅今年刚上小学一年级，可她特别讨厌去上学，想多和妈妈待在一起。于是周一的早上，刘冬梅搂着妈妈的脖子问妈妈："妈妈，我今天不想去上学，你能不能也不要上班，在家里陪我玩呢？"

"这可不行，学生就是要去上学的，而妈妈如果不去上班，怎么挣钱给你买好吃的呢？"妈妈摇头拒绝了她的要求，刘冬梅不高兴地撅起了嘴，但还是听了妈妈的话，背起书包去上学了。

上午十点，正在工作的刘冬梅妈妈突然接到学校的电话，说是刘冬梅在学校突然晕倒，已经送进了医院。

刘冬梅妈妈心急火燎地赶到医院的时候，刘冬梅已经清醒了，医生检查过后，说刘冬梅没问题，便让刘冬梅妈妈带着她回家了。

回家的路上，刘冬梅很高兴地抱着妈妈的脖子，撒娇道："妈妈，我今天终于能和妈妈一起在家里玩了。"

妈妈连连点头，并买了刘冬梅最爱吃的炸鸡块带回了家。

在家里，妈妈看着活泼爱动的女儿，心里突然产生一个想法：会不会是女儿撒谎故意骗了大人们，说自己生病了呢？

虽然有这种可能性，但妈妈还是觉得女儿不会做出这种事情来，便笑着摇了摇头，陪女儿玩了起来。

后来，又发生了几次类似的事情，刘冬梅妈妈才确定，女儿真的是说谎骗了大家。可女儿为什么突然变得爱说谎了呢？妈妈实在是想不明白这其中的原因。

当父母发现孩子撒谎时会觉得难过，不过，从成长角度看，孩子有时撒谎或编造故事是很正常的。孩子撒谎有很多方面的原因，可能是看到大人撒谎，然后跟着学，这种时候大人根本就不会意识到是自己的问题的。

还有可能就是大人太严厉了，不是打就是骂，孩子即使没有说谎也逼着问他是不是说谎了，久而久之孩子索性撒谎了，反正没人相信。

想要改正孩子说谎的坏习惯，除特殊情况外，父母绝不能在孩子的面前说谎，孩子耳濡目染，会效仿的。父母应奖赏孩子的真话，即使孩子犯了错误，只要说了真话，就应肯定他的做人之道，并引导他不断地完善自己。不用打骂、惩罚、斥责等消极方式对待孩子，避免孩子以谎言来应付父母。如果孩子在毫无压力的情况下依然说谎，父母就要引导他明白道理，帮助孩子清楚地区分可以做的和不可以做的事。

## 如何让孩子不再"暴力"

父母可能发现，随着孩子年龄的增长，孩子打架的情况越来越多了，是什么让孩子变得如此暴力呢？相关专家表示，父母对孩子的事事顺从有可能引发孩子的行为问题；但更为重要的诱因是父母对孩子的教育方法，尤其是孩子处在性格形成期时，倘若父母的教育方法不当，比如，沟通不到位，教育不全面等，就极有可能引发孩子的行为问题。

因此，父母应在发现孩子有暴力倾向时，就和孩子谈谈心，争取让孩子不再暴力。

杨安阳是一群孩子的头儿,每天带着这群孩子们到处疯玩,父母见他们没做什么坏事,也就任凭他们玩闹了。

但是最近,这群孩子中加入了一个性格比较内向的孩子,因为说话结巴,经常被小朋友们嘲笑,杨安阳就经常带头欺负他,例如无缘无故把他推倒在地,还给他取了个外号叫"小结巴。"

"小结巴,今天吃饭没?"

"吃,吃,吃了……"

"小结巴,小结巴,吃,吃,吃了……哈哈哈……"一群孩子闹腾起来没完没了,围着小结巴又是推搡,又是嘲笑。

妈妈知道这件事后,对杨安阳说:"你这样做不好,你是孩子们的头儿,应该带着大家帮助弱小同伴,而不是欺负他。"

杨安阳却不以为意,轻松地说道:"逗他好玩嘛。"

妈妈说了几次,他都不听,只好摇着头走开了。

第二天,妈妈回来的时候,带回来一只流浪猫,脏兮兮的,十分瘦弱,只有巴掌那么大点儿。杨安阳回来看见后,很心疼地看着小猫对妈妈说:"妈妈,它好可怜,我们该怎么帮它,它才能健康地长大呢?"

妈妈没想到,爱欺负小伙伴的儿子竟然还这么有同情心,便想着趁此良机,让儿子学会帮助弱者。

于是她对儿子说:"小猫现在比较虚弱,但如果我们好好照顾它的话,它一定会变健康,长成大个子的。现在这只小猫呀,就像那个说话结巴的孩子一样，没有咱们的帮助，是行不通的。"

"是吗？原来小结巴也和小猫一样可怜啊，我真的可以帮助他吗？"杨安阳问道。

妈妈点点头，夸张地对他说道："当然能，只要你带头不再欺负他，大家多帮他练习说话，没准连他结巴的毛病都能纠正过来呢。那时候，你们可就是大英雄了！"

杨安阳听了，眼睛一亮，连忙站起来跑了出去："我现在就去召集大家，明天开始，我们帮小结巴改掉结巴的毛病。"

"不许再叫人家小结巴了哦，不礼貌。"

"嘿嘿，叫习惯了，我慢慢会改掉的。"杨安阳眨眨眼睛，一溜烟跑了出去。

杨安阳的故事正体现了孩子从爱欺负人转变为助人为乐的过程，这其中，杨安阳妈妈有着很大的功劳，正是在她的教育下，杨安阳才出现了可喜的转变。这种良好的教育方式值得我们借鉴。

但是，有的父母在教育孩子时，为了让孩子不吃亏，在孩子很小的时候，就教育孩子"别人打你你要打他"，千万不能受别人的欺负；上幼儿园后，教育孩子"老师发的东西，要大的"；等孩子上了小学后，又教育孩子"别人问你问题，千万不要告诉他，要不他就会比你强了"。

慢慢地孩子就被父母教育成了自私自利的孩子。在他们眼中，没有谁比自己更重要，事事处处都要从自己的利益出发。这种人最终会走向孤立无援的地步，别人会对他敬而远之。有谁会愿意帮助一个自私自利的人呢？所以，让孩子不再暴力，父母应先教孩子学会帮助他人，并且要对孩子的暴力行为给予适当的惩罚，让孩子明白强者和弱者的关系，主动放弃暴力行为。

文敬洋是个淘气、爱惹事的男孩，每天出门不是和人打架了，就是把谁家的孩子给欺负了，因为他，父母几乎天天都会向人赔罪、道歉。

"敬洋，欺负人是不对的，你知道吗？"每天文敬洋家里都会上演这么一幕"苦口婆心"的教子戏，但敬洋就是改正不了小霸王的毛病。

一天晚上，妈妈刚准备去做晚饭，敬洋放学回家了，他身后还跟着怒气冲冲的班主任。

"敬洋把班里同学给打了，还是三个。"班主任开门见山地说道。

"这……老师，真是对不起，我一定会好好管教他的。"妈妈连忙低下了头，心里想着，老师都上门了，看来这次的情况比较严重，难道是把三个孩子伤得很严重？天哪，这可怎么办？妈妈不安地抬起头，听老师讲起详细的情况：

"虽然三个孩子都住进了医院，但幸好都没大伤，不过班里的学生现在都很怕敬洋，学校决定先让敬洋休学在家待一段时间……"老师沉着脸看了敬洋一眼。

"这个……好的，只能先这样了。"妈妈叹口气，无精打采地把老师送了出去。回来后，她忍着心中的怒火，问道："儿子，你为什么在学校里打人？"

"谁让他们不听我说话？"敬洋还很有理，头一扭低喃道，"不就是揍了两拳吗？老师也太大惊小怪了。"

"只是揍两拳？那你是不是还打算一人给一棍子？"妈妈终于忍不住，火了起来。

敬洋赶紧缩了缩脖子，低着头跑回了自己房间，妈妈气得饭也不煮了，从桌上拿起电话，就给敬洋的爸爸打电话。

"臭小子在哪儿呢？"半个小时后，满头细汗、气喘吁吁的爸爸拎着公文包进了家门，脱下一只鞋拎在手里，就往敬洋的房间走过去，"臭小子，天天在外面闯祸，看我今天不打断你的腿。"

妈妈赶紧跑过去拦住他，一场"酷刑"才没有降临到敬洋身上。不过爸爸这么生气的样子，敬洋还是第一次看到，他真的吓得心脏都快跳出来了。

妈妈见儿子害怕了，就趁机说道："爸爸要打人，是不是觉得很害怕？"

"嗯。"敬洋轻点了下头，妈妈又继续问："有没有觉得，爸爸的行为是不对的？"

"嗯……"迟疑了一下，敬洋怯怯地问妈妈，"能打架不是一种很勇敢的行为吗？爸爸说过，这世界上只有两种人，一种是强者，一种是弱者。我想做强大的人，所以不是必须要学会打架吗？"

"但是强者的目的是保护弱者，而不是欺负他们。一个强大的

人,是不屑于靠打架让别人承认他的强大的。"妈妈严肃地对他说。

敬洋听了妈妈的话后,低下头不再说话,妈妈摸着他的头说:"所以说,儿子,你一定要记住,打架是不对的。"

在上面的故事中,爸爸在告诉文敬洋强者和弱者的道理时没有具体讲明两者的概念,因此文敬洋产生错误理解,经常打架就是为证明自己是强者,但妈妈的解决方法是比较不错的选择,她在拦住爸爸打文敬洋后迅速转换思路,利用眼前的例子向文敬洋讲述用暴力解决问题的坏处,从而得到了理想的效果。所以,在教孩子解决矛盾的方法时,有效的沟通是很重要的,父母不能跳过这一个环节而呵斥孩子,要让孩子学会在沟通中改正自己的错误。

## 如何帮孩子抵御"黄色诱惑"

在网络普及的今天,孩子接触各类信息的机会越来越多,但是很多孩子正处于身心发展不平衡的时期,在这个特殊时期中,孩子很容易因为性格和心理的偏差而"接收"到网络中的不良事物,无法抵御"黄色诱惑",从而深陷其中,这对孩子的成长和健康都十分不利。

成长期的孩子容易对性产生好奇心，他们会关注异性，偷偷琢磨"性"到底是个什么东西。对于这方面的疑问，孩子对父母开不了口，对老师开不了口，只能去和同学们交换这方面的知识。但相同年龄段的孩子对性的了解肯定很少，所以当同学提供的信息不能再满足孩子对性的渴望后，他们就会寻找其他的途径，而网络正好满足了孩子的这点需求。网络的知识量很丰富，视野很开阔，所想所要之物，应有尽有，比如图片和视频。孩子通常不能摆脱网络带来的"黄色诱惑"，因此深陷网络的"黄色风暴"中而无法自拔。

所以，父母不能因为工作繁忙等原因就只对孩子提出一些表面的要求，而忽略了和孩子的交流和沟通，父母还应多关心孩子精神层面的东西，了解孩子的内心世界，知道他们需要什么，想要什么。

黄永才一直是个品学兼优的好孩子，在父母和老师的心目中，无论他做什么都是对的，都不可能犯错。但就是这样的他，却有一个不可告人的秘密，那就是偷看色情网站。

其实，黄永才也不知道自己是怎么注意到这些网站的，一开始他只是比较在意班里的一个女生，于是就上网查了一些关于女孩的内容，点着点着，就不小心点开了一个色情页面，从此便一发不可收拾。

他隐约知道这些内容是不好的，不健康的，但因为平时父母和学校从来不讲这些内容，他又充满好奇心，所以就越陷越深，一有关于两性方面的困惑，他首先想到的不是请教父母和老师，而是上网浏览这些网站。

终于有一天，黄永才的爸爸发现了他这个小秘密，爸爸生气地问他："你为什么要看这些不健康的东西？你难道不知道这是不对的吗？"

"我知道……好像又不知道……"他如实回答道。

"什么叫知道又不知道？以后不准看这些东西了。"爸爸对儿子感到很失望，他从来没想过，那么优秀的儿子，竟然会接触色情的东西。

但是黄永才忍了没两天就忍不住了，趁父母不在家的时候，偷偷上网，又打开了这些网站。

爸爸下班回到家，发现书房的灯亮着，儿子正神情怪异地盯着电脑屏幕时，就觉得大事不妙。走过去一看，儿子果然又在浏览色情网站。

他生气地打了儿子一巴掌，问："你怎么就改不了呢？不是不让你看这些东西了吗？"

"可是……我就是忍不住嘛，我想知道男孩和女孩到底有什么不一样……"黄永才委屈地哭道。

其实，父母应主动把一些适合孩子年龄段的性知识教给他们，在和孩子聊天的时候，适当地向孩子传授一些这方面的知识，这也是让孩子远离色情污染的最好方法。父母不应该把性知识当成禁区，让孩子"什么都不要问"，适当地让孩子了解性知识，不仅可以满足孩子的求知欲望，还能让孩子对自己多一分了解，变得更成熟和自信。

当孩子对性产生兴趣时，父母可以把简单易懂的知识教给他，并告诉他，如果有不懂的地方，可以随时找父母讨论和交流。这样一来，孩子的好奇心就得到了满足，他不再把性想象成一件神秘的事情。而且，在孩子和父母交谈的过程中，也会拉近双方的关系，让亲情加深，让孩子更喜欢和父母交谈。

但是，现在的网络如此发达，很多孩子在浏览网页的时候，会不小心看到一些色情信息，这时候父母应该怎么办呢？

父母不必惊慌。当父母发现孩子无意中浏览了色情网站，不要急于批评孩子，要了解孩子是不小心点到的，还是有意而为之。父母在教育孩子的时候，要时刻保持对孩子的信任感。父母要相信，坏孩子并不是天生的，只是受环境影响，被"逼"出来的。这里的"环境影响"，其实也包括父母对孩子的态度。如果父母发现孩子浏览色情网页时能心平气和地和孩子讲道理，逐渐引导他自觉抵制色情、暴力的内容，孩子在感受到来自父母的尊重和信任后，就会把自己内心的感受和困惑如实告诉父母，并配合父母，抵制"黄色诱惑"的毒害。如果父母态度相反，那么孩子的做法也往往是相反的。

保险起见，父母可以在电脑中安装一些安全可靠的反黄软件，并逐渐把上网改变为一项家庭活动，让孩子在父母的陪伴下，健康、安全地浏览网页。

# 第八章
# 亲子交流，哪些事情父母要注意

要想和孩子进行心对心的交流，有些事情父母一定不能做。比如，在孩子面前大声争吵、妈妈过于唠叨、爸爸说话粗暴、让孩子当父母的"出气筒"、不遵守承诺等。这些行为都会影响到亲子之间的交流，让孩子对父母产生一定的畏惧和失望心理，变得不愿意同父母作过多的交流。

因此，为了能和孩子进行和谐的交流与沟通，父母应尽量注意本章中所讲到的这些问题。

第八章 亲子交流,哪些事情父母要注意

# 父母不要在孩子面前过于唠叨

在孩子成长的过程中,犯错是难免的,而面对孩子的错误,父母总会不断地提醒和教育孩子。父母总是担心因为自己的疏忽、粗心或者提醒不到而耽误了孩子,于是爱对孩子做的每一件事指手画脚,渐渐就习惯了唠叨孩子。但是,很多孩子都抱怨,他们最怕父母的唠叨了。其实,父母的唠叨里充满了关爱,做父母的都是全心全意为孩子着想,只是这种爱孩子的方式不仅不讨孩子喜欢,严重的还会引起反抗情绪,影响孩子的心理健康。

在妈妈眼里,沐沐永远是长不大的孩子,而沐沐心里却认为妈妈管得太多了。

早上,妈妈一边做早餐,一边一遍一遍地叫沐沐起床:"起来啦!叫了多少遍了,再不起就要迟到了!"沐沐本来算好了时间,多睡五分钟,结果也被妈妈吵得没睡好,皱着眉头起来闷着头吃早餐。

"慢点儿吃,慢点儿吃,看看你,现在才起来,早饭都凉了吧!

整天吃冷饭对胃不好，天天跟你说也没用，要是听我的早点儿起床，就不用这么狼吞虎咽的了……"沐沐对妈妈的话充耳不闻，三下两下吃完了，拿起妈妈整理好的书包，夺门而出。

"东西都带齐了吗？可别又忘了什么，天天得让人提醒也不行……"妈妈朝着沐沐的背影喊道。

晚上放学回家，妈妈又开始唠叨了："你去哪儿了？怎么这么晚回来？"

"我去同学家玩了会儿。"沐沐说。

"玩、玩、玩，你就知道玩，作业写完啦？饭也不吃啦？你怎么就不知道用功呢？"妈妈不高兴地说。沐沐苦着脸说："妈，我又没说不写！"

"坐端正了，不然近视又要加深了！认真写啊，写完好好检查，别忘了预习明天的功课啊！"妈妈一遍又一遍地嘱咐沐沐，

沐沐跟没听见似的。

"都几点啦，别吃零食啦！快去睡觉去！不然明天又起不来！"沐沐刚拿起一包零食，妈妈又开始了。

"你管这么多干吗？嘴是我自己的，我想吃就吃！"沐沐拿起零食就进屋了。

妈妈站在门外，无可奈何地摇着头："我这是造的什么孽呀，我还不是为你好，你连理都不理就走了……"

可怜天下父母心，沐沐妈妈出于对孩子的关心，总是唠叨沐沐，让她

注意这、注意那,说个不停。而沐沐不仅不领情,将她的"苦口婆心"当耳旁风,还不耐烦,跟她对着干。妈妈凡事为沐沐着想是爱孩子的表现,只是她没意识到经常对孩子指手画脚,唠叨不停,其实也伤害了孩子。人长期重复听同样的话,就会觉得烦,慢慢就会不在乎,听不进心里去。大人都会这样,何况孩子呢?所以父母不要只怪孩子不理你、不听话,也要想想自己是否太唠叨了。

生活中,父母给孩子适当的提醒是应该的,但是善意的提醒一旦变成无休止的唠叨,凡事都对孩子指手画脚,就会让孩子感觉没有得到父母的尊重和认同。有时候孩子明明知道怎么做,这时父母却一番唠叨,孩子必然会觉得烦,觉得自尊心受到了伤害,成就感也被夺走了。如果孩子做错了,父母的"先见之明"也会让孩子觉得无地自容,不仅会打击孩子的自信,若是在外人面前遭到父母的数落,孩子还会产生逆反情绪。所以,父母首先应该尊重孩子,给孩子一定的自主权,让孩子有选择和行动的自由。遇事父母不要总是替孩子做决定,一遍一遍地唠叨孩子什么该做什么不该做,要让孩子先独立去做决定。孩子对于主动和自愿去做的事情,积极性会很高,不仅不需要父母的催促和提醒,而且还愿意积极就此跟父母沟通。

随着孩子独立意识的增强,他们都希望能自己做决定,如果父母还把他们当作小孩,凡事都指指点点,还容易让孩子产生依赖心理。孩子会觉得凡事都有父母操心,自己听命令就是了。久而久之,习惯了唠叨的孩子,就会缺少独立性和责任感,凡事听凭父母做主了。所以,对于孩子完全清楚并有能力独立做好的事,让他自己来解决,父母完全不必每天不断

地提醒他。如果孩子做错了，父母就简明地告诉他错在何处，如果孩子明白了，父母也不要再三番五次地重复批评教育了。

另外，因为孩子的成长有一定的规律和特点，有时候对事情的理解比较慢，一些错误短时间也是无法彻底改正的，所以父母还要学会等待，不能要求孩子一听就会，一说就改，要允许有反复。孩子的成长是一个长期的过程，这个过程不会因父母着急、唠叨而缩短。

文文总爱乱扔东西，房间里衣服、鞋子、书到处都是，乱糟糟的。妈妈以前总爱对此喋喋不休，说得多了，文文也不当回事了。

今天妈妈想换换方法，于是，妈妈自言自语说道："哎呀，今天屋里好乱呀！"然后神情严肃地注视着女儿，在心里说道："今天我就不唠叨你了，你可得自己收拾啊！"

文文感觉到了妈妈的目光，很惊奇，看了妈妈一眼，明白妈妈这是在暗示她呢，马上笑着说："妈妈，不如我来帮你收拾吧！"

"嗯，文文真懂事。"妈妈开心地笑了。

"文文，我觉得先收拾东西后拖地会省不少劲儿呢，因为收拾的时候还会有脏东西落在地上，你说是不是？"妈妈看女儿干活不是很熟练，就说道。

"妈妈，你说的对！还有，你今天不唠叨我了，我干活都有劲儿了呢！"文文开心地笑了。

会教育孩子的父母，懂得尊重孩子，而不是对孩子做的每一件事都指手画脚。只有父母愿意变唠叨为鼓励，这样赢得了孩子的信任，孩子才会听话。正如故事中的母女一样，妈妈不再唠叨文文，而是通过语言暗示、鼓励文文收拾房间，文文不仅主动行动起来，而且还很开心。

## 别在孩子的学习问题上表现得急功近利

孟子有言："吾生也有涯，而知也无涯。"讲的是人的一生就是不断学习的过程，特别是对于孩子来说，知识的积累是日后成功的基础。父母更是深谙这个道理，所以在孩子成长的过程中，为了让孩子能够全面地吸取知识，他们为孩子提供各种学习知识的渠道，除了学校老师教授的知识，还为孩子报各种补习班：奥数、英语、国学、才艺……而跟学习无关的事情，父母都不鼓励甚至禁止孩子去做。父母都希望孩子能出类拔萃，但是抱着急功近利的思想，不考虑孩子自身的学习状况，其实对孩子的学习是十分不利的，而且也容易让孩子受到父母的影响，产生功利化思想。

小雨的语文成绩总是名列前茅，特别是作文，常常被老师选为范文。妈妈为此愈发重视小雨写作能力的培养，希望女儿能够获一些奖，为将来高考加分。

"小雨,妈妈在新华书店给你挑了几本书,抓紧时间看看啊!"妈妈说。

"上回买的还没有看完呢!你又买了什么书?"小雨不耐烦地问道。

"买了一本《写作范文100篇》,还有一本《红楼梦》,四大名著之一呢!"妈妈开心地说,满以为女儿会高兴。

谁知小雨皱起了眉头,"妈,您让我整天看书,看得我脑袋都大了!"

"女儿,妈妈还不是为你好?多阅读一些书籍对提高你的写作能力会有很大帮助的,多积累素材才能写得好嘛。如果写得好,考试就能考高分,就能上个好大学。如果能够获得一个省级或者国家的奖项那就更好了!"

"可是,妈,我不爱看《红楼梦》,这书中的人物故事太复杂,我看不下去!我喜欢看侦探类的小说,情节紧张,可有意思了,同学们都在看!"小雨说。

"侦探类的小说不就是讲怎么破案的,你写作文有这方面的题目吗?看了也不能提高学习成绩,只会消磨时间,还是多看看跟学习相关的书吧!"妈妈说。

小雨见跟妈妈话不投机,就不说话了。为了不再听到妈妈不厌其烦的唠叨,她闷着头看起了妈妈指定的书,却发现怎么也看不进去。

在故事中的妈妈看来,小雨读书的目的只有一个,那就是提高学习成绩。而侦探类小说与所学相差甚远，对提高小雨的写作能力没有直接的帮助，所以妈妈不赞成小雨阅读。妈妈的出发点是好的，希望女儿成绩得到提高，但是这种急功近利的教育方法在无形中也伤害了孩子。

其实，阅读就像吃饭一样，是人的一种自然需求，但是，有的父母总是认为，读书要有一定的功用才行，他们不认为阅读也可以是一种娱乐方式。这是一个误区。有的父母拿着孩子的成绩单说"让孩子读这么多书，有什么用啊，成绩也没有提高啊"，有的父母说"孩子不能看课外书，那只会让他们无心学习"。其实，无论什么样的书，只要适合孩子的年龄和心理成长，那对孩子来说就是有用的，父母都应该允许或者鼓励孩子阅读。管教孩子也是一样，父母不应该让孩子的成长之路蒙上功利化的阴影。父母只有设身处地地为孩子着想，顺应孩子的天性，迎合孩子的兴趣爱好，为孩子提供他们真正适合和需要的东西，才有利于孩子的成长。就拿阅读来说，父母千万不要抱有急功近利的思想，让孩子为了应付考试而读书，这样只会适得其反，让孩子越来越不爱读书。只有让孩子真正尝到课外阅读的甜头，阅读才能成为孩子的自觉行为，才能从根本上滋养孩子的心灵。

父母都希望自己的孩子能赢在起跑线上，成为人中龙凤，甚至有些父母觉得只有将孩子培养得成绩优异、事业成功才能证明父母对孩子的爱。其实这种染上了功利化的爱会压得孩子喘不过气来。在这种功利化思想的影响下，父母会对孩子抱有过高的期望，希望孩子考取更高的分数，上更好的学校，这在无形中就给孩子造成了很大的心理负担。比如孩子放学回家，父母关心的是今天学了什么、考了多少分等。不少父母喜欢让孩子们学习一些技能性的东西，于是像赶场一样送孩子进各种特长班、兴趣班，剥夺了孩子应有的休息和游戏时间。这种做法并不利于孩子的身心健康成长。所以，父母应该充分尊重孩子，给予孩子休息、娱乐等权利，避免用功利化的"教育暴力"扼杀孩子的幸福。

俗话说"父母是孩子的一面镜子"，孩子的很多行为、想法都是在和父母互动的过程中形成的。所以父母在教育孩子时，还应该避免用外在条件去刺激孩子，造成孩子以功利化的思想去看待问题。如考试前承诺孩子如果能考100分，就送平板电脑，这样的激励法是不可取的，这样只会让孩子觉得努力学习是为了获得物质奖励，而不是因为喜欢学习。

快放暑假了，同学们都在交流着暑假报了哪些辅导班。当然他们都是不乐意的，因为这都是父母的决定。趁妈妈还没有替自己做决定，小乐准备"先下手为强"。

"妈，同学们暑假都报了辅导班，我也要参加吗？"小乐小心翼翼地问妈妈。

"妈妈正在考虑呢，你想参加吗？"妈妈说。

"妈，我不想补课了，您看我各科知识都掌握得很好，不是吗？不如我们出去旅游吧？好久没有出去玩了。"

"嗯，妈妈也是这么想的，知识的学习不是一天两天就能完成的，况且你现在学得很好！妈妈也不想让学习成绩压得你喘不过气来。"妈妈说。

"妈，我好多同学的父母都逼他们参加辅导班，您就不这样做，而是根据我的学习情况安排我的暑假生活,您太开明了!"小乐开心地说。

正如一位哲人所言:"既然不能做参天大树,那就做一棵默默无闻的小草吧,但是一定要做一棵快乐无忧的小草。"父母希望孩子成功,这本来无可厚非,但是如果凡事以功利化的思想去管教孩子,甚至只问孩子成功与否,而视孩子的幸福和快乐为可有可无的东西,就是本末倒置了。教育的终极目的,是要让孩子做一个幸福快乐的人。

## 父母的吼声让孩子胆怯

相信很多人都对《河东狮吼》中的柳月娥印象深刻,在电影中,我们可以对她的种种表现一笑了之,但在日常生活中,如果父母也经常对孩子"狮子吼",就会让孩子对父母产生胆怯心理,不愿与父母说话,甚至会对父母的大喊大叫感到伤心难过,因此开始怨恨父母。

晚上,安静的房间里突然响起了碎裂声,像是有什么东西掉到了地上,摔碎了。

闻声而来的爸爸妈妈冲进客厅，看到儿子亮亮正愣在原地，一动也不动地看着脚边的碎碗片。

"你怎么这么笨手笨脚的？昨天就打碎了一个茶杯，今天又打碎一个碗！不是说不让你碰这些东西了吗？怎么就不听呢？"妈妈抚额，头疼地大声喊叫起来，"再这样下去，这家里的东西都要被你摔光了。我们不是大富豪，再这么摔下去，迟早有一天要变成乞丐的！"

"我不是故意的。这碗上有油，我一拿就滑下去了。"亮亮为自己辩解道。

结果他话音刚落，妈妈又吼了起来，声调比刚才还提升了几分："那还是我不对了？你不在房间里写作业，跑来客厅做什么？"

"我想倒点儿水喝。"亮亮小声说道。

妈妈一听，更生气了："杯子里不是给你倒了牛奶吗？不喝牛奶喝什么水，还白白摔坏了一个碗！你是不是成心捣乱啊？整天不知道脑子里在想什么，学习也不好，做事也不让人放心，你到底还能干什么啊？简直就是个废物！"

亮亮吓得低下了头，但妈妈刺耳的吼叫仍不绝于耳。

"老婆，"幸好，这时候爸爸出声说道，"只不过是摔坏了一个碗，是不是有点儿过分了？"

"咳！"妈妈也觉得自己有点儿过了，不免有些心虚，轻咳一声，摆着手说道，"行了，行了，这里我来收拾，你们都出去吧。真是的，到最后还是我来替你们收拾烂摊子。"

爸爸拉着亮亮的手，往儿子的房间走。

"儿子，你也知道你妈妈一说话就有些口无遮拦，其实她也只是太担心你才会这样的，别往心里去，有什么事，都可以来找爸爸说，知道了吗？"

"嗯，我知道了。"亮亮仍旧低着头，轻点了两下。

爸爸拍拍他的头，指着冰箱说道："晚上爸爸刚买了矿泉水，知道你不爱喝牛奶，自己去拿吧。"

"谢谢爸爸。"亮亮这才抬起头笑了起来。

当他把矿泉水瓶拧开，就被妈妈逮着了，妈妈大叫道："牛奶到底有什么不好的，非得喝水！矿泉水不要钱啊？咱们家又不是大富之家……"

夜深人静时，亮亮怎么也睡不着，脑子里一直想着妈妈大声喊叫的模样。他坐起身，打开台灯找到日记本，在上面写道："我最讨厌妈妈了，因为她总是在我周围大吼大叫，十分烦人。"

父母是不是经常觉得管教孩子是一件很辛苦的事情，经常会感到束手无策，而不得不像故事中亮亮的妈妈一样，以为只有大声吼叫才能管好孩子？孩子顽皮是很正常的，你一定也不希望孩子过早地成熟，像个成年人一样呆板严肃。但有时他们把握不了分寸，面对一而再再而三犯错的孩子，再理智的父母也难免有怒发冲冠的时候，但一味地惩罚和吼骂并不是教育孩子的好方法，管教孩子需要恰当的方式，比如，低声说话、控制自己等。

低声说话可使父母在生气的时候逐渐变得理智，情感更缓和一些，也可使孩子逆反、紧张的心理防线有所松弛。父母低声批评孩子，可以先发制人，不让孩子高声反驳自己，还能让孩子集中精力听父母在说什么，有利于双方更好地沟通和交流。低声说话可以赶走愤怒，在无形中对孩子产生良好的影响，避免让孩子也有样学样，对父母高声说话。

很多父母都希望自己的管教可以使孩子下次再做同样的事情时，会觉得之前这样做不对，而不再去做。当父母大声吼叫孩子时，虽然当时制止了他们的不当行为，但孩子并不一定会因此而记住这样做是不对的，甚至下次继续犯类似的错误。当父母吼骂的次数增多，孩子甚至还会对父母产生仇视心理，不愿意再听父母的话，逐渐变得更加叛逆，养成了暴躁的脾气。

孩子犯错误是很常见的现象，相信很多父母都有过这样的遭遇：教训了孩子之后，孩子非但不认错，还对自己说"爸爸（妈妈）我讨厌你"，孩子的这句话会让父母觉得伤心，却很少有人考虑过，正是因为父母的做法伤害到了孩子，他们才会产生负面情绪。

有的父母动不动就责骂孩子，这严重地损害了孩子的自尊心，所以，父母应该改变这种大吼大叫的教育方式，尝试用爱心和耐心去教育孩子。父母应如何去做呢？

首先，父母不要在生气的时候和孩子说话。俗话说，孩子就是父母言行的镜子。孩子身上的很多习惯都是跟父母学来的，他们的模仿意识很强，如果父母经常对他们大吼，他们就会觉得大吼大叫很正常，并且有样学样，遇到不顺心的事情时自然也就会大吼大叫了。所以，当孩子惹父母生气时，父母应该控制自己的情绪，想办法使自己平静下来，可以尝试深呼吸或是暗示自己不要发脾气，然后用冷静的头脑对孩子进行管教。比起大吼大叫，孩子更愿意接受这种客观公正的教导。

其次，日常生活中，父母要言行一致。我们经常可以看到这样的事情发生：当孩子淘气不听话时，父母就对孩子说"你再不听话，我就揍你"、"你下次再这样，我就不让你看电视"等威胁性的话，可父母往往也只是说说，孩子真的不听话时他们却不记得这些话了，并没有对孩子进行相应的惩罚。次数多了，孩子也就习惯了，会将父母的话当作耳旁风，因此经常会做出一些事惹父母生气，而父母生气的次数一多，自然会心力交瘁，开始对孩子大吼大叫。父母是否"言出必行"对孩子的教育是很重要的，面对孩子的一些常见性错误，父母应该采取一些适当的惩罚手段。最有效的方法就是取消孩子做最喜欢的事情的权利。比如孩子喜欢看电视就取消他看电视的权利，孩子喜欢跟朋友一起踢足球就取消他踢足球的权利等。当孩子知道父母说一不二后，就会逐渐纠正自己的错误，减少犯错的次数。

最后，在批评孩子的时候，父母一定要注意自己说话的语气，不能过于急躁，也不能过于严厉。要对孩子讲明原因，用平和的态度让孩子知道自己错在了哪里，下次面对类似的事情时，他们就会学会"三思而后行"的。

把话说到孩子心里去

# 别让孩子做父母的"出气筒"

每个人都有自己的情绪。美国的一位心理学家把爱、惧、怒三种情绪反应,视为人类最原始的情绪,任何人都无法逃避这三种情绪,包括父母和孩子。但是,很多时候,当父母在外面受了气,就会把愤怒的情绪带到家里,甚至是发泄到孩子身上,孩子受到委屈,便开始疏远父母。还有一些孩子会有样学样,形成坏脾气,动辄对父母大吼大叫,不再听父母的话,让父母的教育工作难以展开。

青青的爸爸是一名业务经理,每天都会面对一大堆来自客户的问题,承受着巨大的工作压力。很多时候,青青爸还会把这种压力带到家庭中,让家里人苦不堪言。

这一天,青青正在房间写作业,突然听到钥匙开门声,然后防盗门被狠狠地关上了,发出惊心动魄的声响。青青马上察觉不妙,大气都不敢喘一下,埋头写作业。因为能做出这些的,也只有她那个在公司受气的爸爸了,她可不想成为爸爸的出气筒。

但现实是残酷的,不是她不想,就会逃过去的。

现在是夏天,放学回家后青青嫌热,就切了两块西瓜吃。这本来没什么，但问题是她吃完西瓜后忘了收拾西瓜皮和擦桌子。看着乱糟糟的桌子，心情不好的爸爸马上发飙了。

"爸爸，你下班啦？吃西瓜吗？冰镇的。"刚开口，她就恨不得扇自己两个嘴巴。怎么哪壶不开提哪壶，这不是提醒爸爸训她吗？

"你还敢提？我不是告诉你很多次了，吃完西瓜要马上收拾干净，你到底是用哪只耳朵听的？你去看看外面的桌子，到处都黏黏的，还怎么用？"不出所料，爸爸很恼怒地训起了她。

青青低下头，小声回道："我急着写作业，忘记擦了嘛。"

"别找借口。你什么时候会那么积极地写作业，以为这样就能骗过爸爸？废话少说，赶紧去收拾干净，弄不干净，今天晚上就别吃饭。"

"哼，不吃就不吃，天天回来就知道训人，不就是在公司里受气了吗？有本事在公司里发火去。"青青觉得委屈，忍不住顶撞起爸爸来。虽然她的学习成绩达不到爸爸的要求，但好歹也在中上游，也付出着、努力着，怎么就成借口了？

爸爸见她竟然学会了顶嘴，心里的气更大了，一边让她罚站一边不停地训骂着她，持续了二十多分钟。青青心里委屈极了。

父母很多时候在外面受了气，容易迁怒于孩子。因为父母觉得孩子不可能反抗自己，总以为孩子小、不懂事，所以就毫无顾忌地拿孩子来出气，比如，在外面受了气、夫妻吵架、自己心情不好时，都会迁怒孩子，在孩子身上出气。虽然拿孩子出气后，父母心里舒坦了，但孩子却可能因

委屈而积压太多的不满,变得叛逆,不听父母的话。

现实生活中,很多父母都面临着不小的生活压力和工作压力。当父母由于工作或其他原因情绪不好时,刚好孩子又犯了错误,于是这时候孩子往往就成了父母的出气筒。相信很多家庭都有这种情况,父母在公司遇到了不如意的事情,回到家看到孩子犯了一点儿错误就对孩子发脾气,而父母心里往往都明白,孩子是无辜的,可当时就是控制不住自己的情绪。

但是,孩子正处于成长发育阶段,心理和生理上都比较脆弱,需要父母的保护和教育。如果父母稍有不顺心就拿孩子当出气筒,会给孩子带来难以估量的创伤。时间久了,孩子就会对父母产生抵触心理,不再亲近父母,甚至渐渐变得冷漠偏激,这对孩子的学习和成长都是十分不利的。

所以,作为父母,应该学会正确地处理自己的坏情绪,而不是把孩子当作发泄对象。每个人都会有不顺心、不如意的时候,当父母在工作中受了气时,要想办法避免拿孩子当出气筒,不要把外界给自己带来的不良情绪带回家里,让孩子成为自己情绪宣泄的受害者,影响家庭和睦、亲子关系。

父母应选择合理的方式发泄自己的不良情绪。当一个人的情绪消极到一定程度,导致脾气越来越暴躁的时候,就应该及时释放掉这些坏情绪,否则,就会影响人的生理和心理健康。作为父母,如果急需发泄自己的情绪时,可以选择一些合理的发泄发式,比如,父母可以用运动的方法为自己解压,游泳、跑步或是玩游戏都是很好的情绪宣泄方式,这样既能让自己从烦躁中解脱出来,还避免了孩子无辜"中箭"。

如果父母因为意见不合发生争执,也不要当着孩子的面吵架。有些父母吵完架后也会拿孩子当出气筒,把夫妻之间的怒气转嫁到孩子身上,这不仅会给孩子的心灵造成伤害,还破坏了家人之间的和谐关系。所以,父母要尽力避免夫妻间的争吵,如果两个人之前有矛盾了,也尽量不要当着孩子的面吵架,以免迁怒孩子,让孩子变成出气筒。

如果父母实在忍不住自己的坏脾气,向孩子发了火,当冷静下来的时候,父母一定要及时向孩子道歉并取得孩子的谅解,不要破坏了亲子之间的关系。

妍妍妈在单位受了气,心里很气愤,回到家后看见妍妍在看电视,就气冲冲地把电视关掉并冲妍妍大喊:"就知道看电视,有时间多看会儿书!作业写了吗?"

妍妍看着妈妈,有点儿害怕地说:"作业写完了,今天有我喜欢的节目,妈妈答应每周的这个时候让我看一会儿电视的。"

"看!看!就知道看!一会儿我发现你作业有错误看我怎么收拾你!"

妍妍没再说话,关了电视回到了自己的房间里。

事后等妈妈平静下来,意识到刚才是自己不对,就进了妍妍的房间向孩子道歉:"对不起,是妈妈错了,妈妈不该拿你出气。"

妍妍见妈妈这么诚恳,也就大方地原谅了她,母女俩开心地坐到沙发上看起了电视。

上面故事中的妈妈在拿孩子撒气后,意识到自己做得太过分了,于是

就向孩子道歉了,而孩子也很大方地原谅了妈妈,最后两个人还一起看起了电视。在日常生活中,如果父母没有控制住自己的脾气,把孩子当成了出气筒,就应该向这位妈妈学习,及时向孩子道歉,让孩子知道自己的苦衷,取得孩子的理解,不要因自己的坏脾气而破坏了家庭的和睦。

## 孩子也有隐私权

隐私,是指每个人藏在心里,不愿被他人知晓的事情。人人都有自己的隐私,孩子也不例外。然而很多父母却忽略了这一点,他们觉得孩子还小,不该有什么隐私,所以会做出一些窥探孩子隐私的行为,比如偷看孩子的日记、翻孩子的东西。父母的这些行为是非常不好的,不经孩子允许就随便翻看孩子的东西,对孩子而言是一种不尊重,也容易让父母和孩子之间产生隔阂,影响亲子之间的正常沟通和交流。

明天是妈妈的生日,周小楣很想给妈妈一个惊喜,就偷偷地给妈妈买了一件礼物,藏在房间里,想在明天一大早的时候,送给妈妈。

"爸爸妈妈,你们今天谁都不能进我的房间,快考试了,我要复习功课。"为了防止礼物被发现,周小楣下了"禁令",吃完晚饭后，就把自己的房门关得死死的，谁也不让进。

但是她越不让人进来，爸爸妈妈就越是好奇和担心，怕她在房间里搞破坏。

八点多钟的时候，周小楣去了趟洗手间，再回来时，忘记把门锁上了，妈妈马上趁机挤了进来。

"妈妈，你怎么门都不敲？"周小楣吓了一跳，幸好她有先见之明，早就用被单把礼物盖住了。

"妈妈给你送点儿水进来……"妈妈把一杯水放在她的桌子上，往四周看了看，没发现什么特别的地方，也就放下心了，"功课复习得怎么样了？这次考试要加油啊，不能再像上次那样不仔细了。"

"我知道了，妈妈你出去吧。"周小楣推着妈妈，想让她出去。

妈妈却板起了脸，说："你是不是搞什么鬼呢？平时妈妈进来都没事，今天这是怎么了？"

"我也有自己的隐私啊。"

"隐私？你一个臭小孩……"

"小孩怎么了？"周小楣嘀咕道，"再说，我也不小了。"听到她的嘀咕声后，妈妈突然愣住了，回过神来的时候，紧张地盯着她的脸，问："周小楣你说实话，你是不是早恋了？妈妈不是和你说过，你现在要以学习为重，你怎么能……"

面对妈妈突然的怒斥，周小楣只觉得心里一阵委屈，二话不说就摔门跑了出去。

父母不尊重孩子隐私的行为会让孩子感到自尊心受到伤害，这种情况下容易引发孩子的逆反心理，促使孩子不愿与父母亲近，甚至事事和父母对着干。不仅如此，这种行为还打击了孩子的自信心。随着孩子年龄的增长，他们的自我意识也随之增强，孩子开始渴望独立，希望有些事情不被父母干涉，例如孩子犯了错误，不想被别人知道，愿意自己偷偷地改，这时候如果父母侵犯了孩子这方面的隐私，就会使孩子的自信心受挫。

很多时候孩子的日记记录的都是自己的一些过失，写日记可以说是孩子的一种自省方式，父母偷看甚至宣扬孩子的日记内容，会让孩子因为过失被公之于众而感到难堪和痛苦，时间久了，孩子就会变得麻木，甚至产生"破罐子破摔"的心理。父母的这种行为不仅麻痹了孩子的羞耻心，还削弱了他们的自省能力，父母应及时停止这种不当的教育方式。

除上述所说之外，偷窥孩子隐私的行为还会使孩子对父母产生反感，这时如果不及时补救，就会让亲子关系出现隔阂，致使孩子不愿听从父母的教育。

父母不能因为好奇或借着关心孩子的名义而偷看孩子的日记或信件，这是十分不尊重孩子的行为。

武远达自从上小学后，就迷上了写日记，每天晚上睡觉前，都要在日记上记上一笔，这样他才会觉得圆满，认为这一整天都过得十分有意义。

但是武远达的日记从来不给别人看，就连爸爸妈妈问，他也不告诉他们自己的日记上都记了哪些内容，这让武远达的父母挺好奇的：

## 第八章 亲子交流，哪些事情父母要注意

儿子到底每天都在想些什么？觉得哪些事好玩，哪些事有意义呢？

想要进一步了解儿子的爸爸趁着武远达不在家，终于忍不住好奇心，偷偷看了武远达的日记本。不看不知道，一看吓一跳，儿子竟然在日记中写了很多他们的缺点，爱唠叨，不尊重孩子的隐私，爱骂人……

爸爸的脸瞬间就变了，"啪"的一声把武远达的日记本摔在地上，背着手在房间里等着儿子回来，说他爱骂人，那他就来骂个够！

有时候，孩子不愿意和父母交流，而父母又想了解孩子的想法，就做出了偷看孩子日记或偷听他们电话的行为，父母的本意是出于关心孩子，结果却带来了很多负面影响。所以，当父母发现孩子有了秘密的时候，应该尊重孩子的隐私权，不要轻易去打开日记上的锁，强行打开只会让孩子对父母紧闭心灵的大门。父母应该尊重孩子，了解孩子的方法有很多，父母可以耐心和孩子沟通，而不是随意窥探孩子的生活。

父母应多培养孩子对自己的信任，让孩子主动把秘密分享给自己。日常生活中，我们总是愿意把一些秘密告诉自己信任的人，孩子也是如此。父母要了解孩子的隐私可以采取一些正当手段，这样不仅达到了自己关心孩子的目的，还维护了和孩子的关系。这种情况下，建立孩子对父母的信任可谓至关重要。在平时，父母要多和孩子沟通，让孩子感觉到大人的诚意，渐渐地孩子自然会向父母敞开心扉。父母还要注意，如果孩子告诉你他的秘密，一定要保守好，不要到处宣扬孩子的秘密，这也是让孩子信任父母的关键。

尊重孩子的隐私，父母要明白，孩子也有自己独立的人格，他们不是父母的附属品。所以，父母不能因为自己的好奇做出侵犯孩子隐私的行为，同时，父母还可以为孩子提供一个独立的空间用以保护孩子的隐私。当父母进入孩子房间之前，要敲门征求孩子的同意再进去，或是帮孩子整理房间前提前询问孩子的意见，这些生活中的细节，却能让孩子感觉到父母的尊重，并产生感激心理，拉近父母与孩子的距离。

在日常生活中，父母要和孩子多多沟通，主动和孩子聊一些学校的事情，让孩子觉得父母是自己的朋友。父母还可以把自己的小秘密拿出来和孩子分享，告诉孩子这是他们之间的秘密，只有他们可以知道。这样孩子会感觉到父母对自己的信任，自然不会时刻防备着父母，也就愿意同父母交谈了。